De waanzinnig eenvoudige gids voor Apple Watch Series 9, SE en Ultra

Aan de slag met de Apple Watch 2023 en watchOS 10

Scott La Counte

RIDICULOUSLY
SIMPLE BOOKS

ANAHEIM, CALIFORNIË
www.RidiculouslySimpleBooks.com

Inhoudsopgave

***Disclaimer**: Hoewel alles in het werk is gesteld om de nauwkeurigheid te garanderen, wordt dit boek niet ondersteund door Apple Inc. en dient het als niet-officieel te worden beschouwd.*

INLEIDING

Ontdek de ingewikkelde details en functies van het meest geavanceerde horloge van Apple tot nu toe, de Apple Watch Series 9. Of je nu voor het eerst een Apple Watch gebruikt of een doorgewinterde Apple Watch-enthousiasteling bent, deze gids biedt inzichten van onschatbare waarde voor een naadloze ervaring.

In de gids:

- Inleiding tot Apple Watch Series 9: de belangrijkste functies en voordelen begrijpen.
- Wat is er nieuw in WatchOS 10?
- De verschillen tussen alle verschillende horloges
- Wat de Apple Watch Series 9, SE en Ultra kunnen (en niet kunnen)
- Gezondheid en fitness volgen: Ontdek de gezondheidsfuncties van het horloge, waaronder zuurstofsensoren in het bloed en temperatuursensoren.

- Communicatie en meldingen: Beheers de communicatiefunctionaliteiten en pas je meldingen aan.
- Aanpassing: Personaliseer je horloge naar eigen smaak.
- Visuele hulpmiddelen voor het beheersen van communicatietools en het aanpassen van meldingen.
- Gedetailleerde afbeeldingen om je te helpen de esthetiek en functionaliteit van je horloge aan te passen.
- Apple Pay gebruiken vanaf je Apple Watch.
- Familie-instellingen gebruiken.
- De app 'handen wassen' gebruiken.
- Slaap bijhouden.
- Apps vinden, installeren, bijwerken en verwijderen van je Apple Watch.

Voor iedereen die gebruik wil maken van technologie om verbonden, gezond en actief te blijven, is de Apple Watch Series 9 een onmisbaar accessoire. Duik in deze gids om het maximale uit je smartwatchervaring te halen.

Ben je klaar om te beginnen genieten van je nieuwe Apple Watch? Laten we dan beginnen!

Opmerking: dit boek wordt niet goedgekeurd door Apple Inc en moet als onofficieel worden beschouwd.

[1]

NIEUW: VOOR DE APPLE WATCH

watchOS 10

Een van de beste dingen aan het bezitten van een Apple apparaat zijn de gratis updates; meestal is er eens per jaar een grote update voor het besturingssysteem. Dat betekent dat je zonder een nieuw horloge te kopen over de meeste van de beste functies beschikt. Nieuwere horloges hebben misschien een of twee exclusieve functies, maar de meeste veranderingen hebben betrekking op de hardware, wat betekent dat het misschien een beetje sneller is, maar nog steeds hetzelfde werkt.

Dus wat maakt watchOS 10 beter? Laten we eens kijken naar een aantal van de grootste functies in watchOS 10.

Laten we het eerst hebben over Smart Stack. Zie het als je persoonlijke info-dj op je horloge. Je kiest je favoriete widgets en het draait ze rond en laat degene zien die op dat moment het meest zinvol is - of dat nu het weer is, je volgende vergadering of hoe je je fitnessdoelen overtreft (of juist niet).

Volgende: Beheer van mobiele apparaten (MDM). In lekentaal? Bedrijven kunnen hun Apple Watches op afstand instellen en beveiligen. Apps implementeren, instellingen aanpassen, ervoor zorgen dat alles beter beveiligd is dan Fort Knox - het is er allemaal.

Voor de outdoortypes - fietsers en wandelaars, ik kijk naar jullie - heeft watchOS 10 jullie rugdekking met nieuwe trackingfuncties. Vermogen, hoogtewinst, hartslagzones; het heeft alles om ervoor te zorgen dat je ritten en wandelingen niet alleen veilig zijn, maar ook een manier om je spel te verbeteren.

Er zijn ook een aantal kleinere, onder-de-kap-type updates, waaronder: Betere levensduur van de batterij (want niemand heeft tijd voor constant opladen), snellere prestaties (want wie houdt er van wachten?), nieuwe haptische feedback (want wie houdt er niet van een zacht tikje op de pols?) en ondersteuning voor nieuwe talen (meertalig voor de overwinning!).

Interfacewijzigingen in apps

Alarmen - Het is grotendeels hetzelfde, alleen groter. Het lijkt wel of het van de ene op de andere dag een groeispurt heeft gehad.

App Store - Die zoekknop? Speelt nu verstoppertje linksboven. Ook hebben afbeeldings-titels nu het gevoel dat ze maatjes zijn, waardoor het browsen soepeler verloopt.

Kalender - Ze hebben de kleuren wat opgefrist. En de knop "Nieuw toevoegen"? Die is verplaatst van het penthouse naar de kelder.

Contacten - Snellere manieren om contacten toe te voegen of "Mijn kaart" te bekijken. Daarover gesproken, "Mijn kaart" is nu buddy-buddy met het NameDrop-ding op het horloge.

Hartslag - Dit grote hart klopt op het scherm. Veeg naar beneden en het is als het dagelijkse dagboek van je hart met de rustsnelheid, het wandelgemiddelde en meer.

Home - Camerafeeds staan centraal en de knoppen? Deze keer hebben ze de afmetingen goed.

Mail - Ze willen dat je meer leest dan schrijft. De knop Samenstellen is verdwenen.

Berichten - Je contacten hebben nu profielfoto's! Het is net een mini-Facebook.

Muziek - Ze hebben de aandacht gevestigd op de knop Luister nu, zodat je snel geweldige jams te horen krijgt.

Nieuws - Grote koppen en foto's. En nu scroll je op en neer alsof je een mini-krant leest.

Geluid - Grotere decibelmeter en het vertelt je of het geluid cool is of niet met een kleine achtergrondkleurtoon.

Now Playing - De albumillustraties zijn nederiger geworden en de bediening is verbeterd. Oh, en de AirPlay-knop? Die ligt boven te zonnebaden.

Foto's - Spotlight op je favorieten en eigenschappen.

Podcasts - Het kent jou! Opent naar je laatst afgespeelde aflevering. Plus een aantal goede aanbevelingen.

Afstandsbediening - Meer apparaten bekijken en afspelen? Het is als de snelweg.

Slaap - Laat zien hoe je hebt geslapen, maar als je van routine houdt, tik dan op het alarm om naar je schema te gaan.

Stopwatch - Geen onzin. Opent direct de stopwatchactie.

Timers - Snelle knoppen voor vooraf ingestelde timers en een grote "+" voor als je je specifiek voelt.

Weer - Het is net een mini-weerkunstgalerie. De achtergrond en een kleurenkaart helpen je om de sfeer van de dag in te schatten.

Training - Een vleugje nieuwe kleuren en wat aanpassingen. Zoals "Open" workouts? Ze bedoelen nu echt open.

Wereldklok - Het gaat erom waar je bent. Maar een tikje? En je teleporteert om ergens anders de tijd te controleren. En de achtergrond? Die past zich aan aan waar je ook gluurt.

Compatibele apparaten

Er zit een addertje onder het gras bij deze gratis updates: je moet een compatibel apparaat hebben. Het goede nieuws is dat zelfs als je horloge een paar jaar oud is, het nog steeds in aanmerking zou moeten komen. Hieronder vind je een lijst met apparaten die werken met watchOS 10.

- Apple horloge Series 4
- Apple horloge Series 5
- Apple horloge SE
- Apple horloge Series 6
- Apple Watch Series 7
- Apple horloge Series 8
- Apple horloge Series 9
- Apple Watch Ultra
- Apple Watch Ultra 2

Zoveel horloges

De Apple Watch is verkrijgbaar in verschillende series. Elk horloge, van de originele Apple Watch tot de Series 9 en Ultra, is compatibel met elk bandje van de vorige generatie (*sommige* nieuwere bandjes zijn echter alleen compatibel met de SE en Series 6 en hoger). Dus als je een originele Apple Watch hebt, kun je nog steeds dat dure bandje gebruiken dat je misschien hebt gekocht. Je kunt bandjes van derden ook veel goedkoper vinden op Amazon en andere online retailers.

De Milanese Loop band van Apple kost bijvoorbeeld $ 149; het onderstaande voorbeeld ziet er hetzelfde uit maar kost minder dan $ 20! De kwaliteit is niet hetzelfde, maar als je gewoon iets wilt dat er leuk uitziet, dan kan dit een goede optie zijn. Aan het eind van dit boek ga ik dieper in op de bandjes.

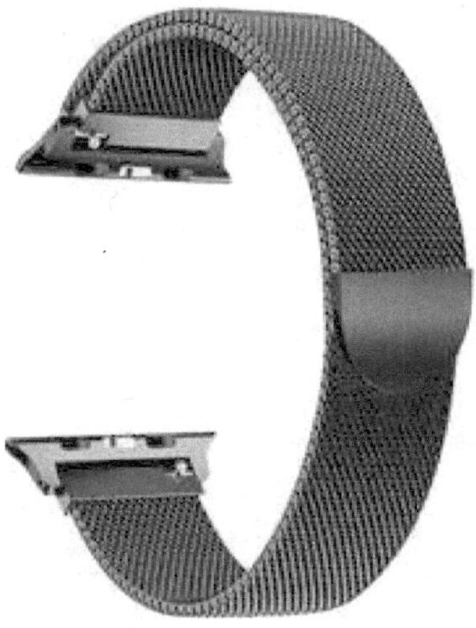

Elke versie van het horloge is verkrijgbaar in twee maten: 38mm en 42mm voor eerdere modellen en 40mm en 44mm voor Series 4 tot 6 (en SE). Elke versie is ook verkrijgbaar in aluminium, roestvrij staal en titanium - titanium is het duurst.

Wat is het grote verschil?

Smartwatches zijn net als telefoons: er zijn veel opties en ze zijn er in allerlei soorten en maten en merken. Als je ze naast elkaar bekijkt, is het soms onmogelijk om ze uit elkaar te houden. In dit gedeelte zal ik proberen de gekte te begrijpen en je helpen ze uit elkaar te houden, zodat je weet welk horloge het beste bij jou en je levensstijl past.

Hier is goed nieuws: je zult een horloge waarschijnlijk niet zo vaak upgraden als een telefoon; in tegenstelling tot telefoons waar mensen soms elk jaar upgraden om de nieuwste en beste functies te krijgen, zul je met horloges waarschijnlijk minstens twee jaar blij zijn met degene die je hebt, misschien zelfs drie of vier.

Apple Watch Series 9 vs Apple Watch Ultra 2

De eerste plek waar je wilt beginnen zijn de twee belangrijkste horloges: de gewone Series 9 en de Ultra 2.

Deze is vrij gemakkelijk te verkopen. Als je een serieuze atleet bent en zeer ruige sporten beoefent (diepzeeduiken, bergbeklimmen, enz.), dan zul je blij zijn met de Ultra 2; als je het horloge wilt gebruiken voor meer eenvoudige dingen en eenvoudigere workouts, dan zul je het prima doen met de gewone Series 9. De reden hiervoor is dat de Ultra 2 in wezen gewoon een sterker horloge is, bedoeld om zwaardere klappen op te vangen en intensieve workouts aan te kunnen.

Er zijn duidelijke verschillen in grootte die eigenlijk meer een kwestie van voorkeur zijn (sommige mensen houden van het grotere scherm en sommige mensen niet), maar hoe zit het met de binnenkant? Hoe verschillen die?

De Series 9 heeft een roestvrijstalen frame, een glazen voorkant en een keramische/saffier kristallen achterkant en weegt tussen de 42,3 gram en 51,5 gram. Het heeft een IP6X-certificering en een waterdichtheid van 50 meter, waardoor betrouwbaarheid onder allerlei omstandigheden gegarandeerd is.

De Ultra 2 daarentegen heeft een robuustere en premium bouw met een titanium frame en saffierglas aan de voor- en achterkant. Het extra gewicht van 61,4 gram is een indicatie van de robuustere constructie. Indrukwekkend is dat het horloge MIL-STD 810H gecertificeerd is, 100 meter waterdicht is en geschikt is voor zwemmen en duiken tot 40 meter, waarmee de superieure duurzaamheid en veelzijdigheid in extreme omgevingen wordt aangetoond.

De Apple Watch Series 9 is uitgerust met een Retina LTPO OLED-display met een piekhelderheid van 2000 nits en een resolutie van 484 x 396 pixels (~326 ppi-dichtheid). Dit zorgt voor levendige en heldere beelden, aangevuld met de bescherming van saffierkristalglas en een always-on displayfunctie.

De Ultra 2 gaat echter een stapje verder met een iets hogere piekhelderheid van 3000 nits en een hogere resolutie van 502 x 410 pixels (~338 ppi dichtheid). De verbeterde helderheid en resolutie zorgen voor een betere zichtbaarheid en helderheid, vooral bij direct zonlicht.

Beide horloges worden aangedreven door Apple's S9-chipset en draaien op watchOS 10, wat zorgt voor soepele en responsieve prestaties in alle toepassingen. De dual-core CPU en PowerVR GPU zijn consistent voor de twee modellen, wat zorgt voor een naadloze gebruikerservaring en efficiënte multitasking-mogelijkheden.

Wat de functies betreft, zitten beide modellen vol met een reeks sensoren en mogelijkheden, waaronder een versnellingsmeter, gyroscoop, hartslagmeter, barometer, permanente hoogtemeter, kompas, SpO2, VO2max en lichaamstemperatuurmeting met een nauwkeurigheid van 0,01°. Natuurlijke taalcommando's, dicteren en Ultra Wideband 2 (UWB) ondersteuning zijn ook gedeelde functies.

De Ultra 2 introduceert echter extra sensoren, waaronder watertemperatuurmeting en een dieptemeter met een nauwkeurigheid van ±1 m, waardoor het een superieure keuze is voor duikers en zwemmers. Het grotere bereik van de always-on hoogtemeter (-500m tot 9000m) maakt dit tot een veelzijdige metgezel voor avonturiers en fitnessfanaten.

Beide horloges hebben luidsprekers, maar de Ultra 2 heeft dubbele luidsprekers met een output van 86 decibel, voor een rijkere en luidere audio-ervaring. De connectiviteitsopties, waaronder Wi-Fi, Bluetooth, NFC en meerdere positioneringssystemen, zijn consistent voor alle modellen, zodat je je locatie nauwkeurig kunt volgen en naadloos kunt koppelen met andere apparaten.

De Ultra 2 heeft een duidelijk voordeel qua batterijcapaciteit, met een niet-verwijderbare Li-Ion batterij van 542 mAh vergeleken met de 308 mAh van de Series 9. De batterij van de Ultra kan tot 36 uur meegaan, die van de Series 9 ongeveer 18 uur.

Apple Watch Ultra 2 vs. Apple Watch Ultra

Je kunt dus wel zeggen dat de Ultra 2 de stevigere telefoon is, maar is het de moeite waard om te upgraden als je het model van vorig jaar hebt? Laten we het uitzoeken.

Op het eerste gezicht hebben de Apple Watch Ultra en Ultra 2 een opvallend vergelijkbare esthetiek, met identieke afmetingen (49 x 44 x 14,4 mm) en een vrijwel identiek gewicht (respectievelijk 61,3 g en 61,4 g). Beide modellen hebben een premium afwerking met een voorkant van saffierkristal, een achterkant van keramiek/saffierkristal en een veerkrachtig titanium frame.

De schermspecificaties blijven constant wat betreft grootte en resolutie, met beide modellen met een 1,92-inch Retina LTPO OLED scherm en een resolutie van 502 x 410 pixels (~338 ppi dichtheid). De Ultra 2 maakt echter een sprong voorwaarts op het gebied van helderheid, met een piek van 3000 nits vergeleken met de 2000 nits van de originele

Ultra. De Ultra 2 zal dus veel beter presteren in fel zonlicht.

Onder de motorkap is de Ultra 2 uitgerust met de Apple S9-chipset, een stap omhoog ten opzichte van de S8-chipset in de oorspronkelijke Ultra. Beide modellen hebben een dual-core CPU en een PowerVR GPU. De Ultra 2 wordt geleverd met watchOS 10, terwijl de originele Ultra, die werd gelanceerd met watchOS 9.0, kan worden geüpgraded naar watchOS 10. De geavanceerde chipset in de Ultra 2 betekent dat hij harder en sneller zal werken, maar je zult zeker nog tevreden zijn over de prestaties van de eerste Ultra.

Een van de opvallende upgrades in de Ultra 2 is de verdubbeling van de interne opslagcapaciteit. Het nieuwere model biedt een royale 64GB, vergeleken met de 32GB in de originele Ultra.

Beide modellen zijn goed uitgerust met connectiviteitsfuncties, waaronder Wi-Fi, Bluetooth 5.3, NFC en ondersteuning voor meerdere plaatsbepalingssystemen. De Ultra 2 introduceert echter Ultra Wideband 2 (UWB) ondersteuning, een verbetering ten opzichte van de standaard UWB in het oorspronkelijke model. Deze verbetering belooft een nauwkeuriger ruimtelijk bewustzijn en verbeterde peer-to-peer communicatie tussen apparaten.

Wat betreft de batterijduur hebben beide modellen een Li-Ion 542 mAh niet-verwijderbare batterij, die draadloos opladen ondersteunt. De Ultra 2 belooft echter een extra gebruiksduur van 12 uur.

Dus is het de upgrade waard? Als je het nieuwste en het beste wilt, absoluut! Maar in werkelijkheid, als je de eerste Ultra hebt, zul je blij zijn met je huidige model.

Apple Watch Series 9 vs Apple Watch Series 8

We hebben net het verschil gezien tussen de krachtigste horloges; hoe zit het met de gewone? Als je de Series 8 hebt, moet je dan upgraden naar de Series 9? Laten we eens kijken!

Designcontinuïteit is een opvallend thema, want de Series 9 en Series 8 hebben dezelfde afmetingen (45 x 38 x 10,7 mm) en gewichten (42,3 g voor 41 mm en 51,5 g voor 45 mm).

Beide modellen hebben een 1,9-inch Retina LTPO OLED-scherm met een resolutie van 484 x 396 pixels (~326 ppi dichtheid). De Series 9 heeft echter een aanzienlijk hogere helderheid, met een piek van 2000 nits vergeleken met de 1000 nits van de Series 8. Dat betekent dat de Series 9 veel beter leesbaar is in fel zonlicht. Dat betekent dat de Series 9 veel beter leesbaar is in fel zonlicht.

De Apple Watch Series 9 wordt aangedreven door de nieuwe Apple S9-chipset, terwijl de Series 8 is uitgerust met de S8-chipset. Wat betekent dat? De Series 9 zal dingen iets sneller doen.

Een opmerkelijke upgrade is te vinden op het gebied van opslag: de Series 9 heeft 64 GB aan interne opslag, een aanzienlijke toename ten opzichte van de 32 GB van de Series 8. Dankzij deze verbetering kunnen gebruikers meer applicaties, muziek en gegevens direct op het apparaat opslaan, wat met name gunstig is voor degenen die een actieve en mobiele levensstijl hebben. Dankzij deze verbetering kunnen gebruikers meer applicaties, muziek en gegevens direct op het apparaat opslaan, wat vooral gunstig is voor mensen met een actieve en mobiele levensstijl.

Beide modellen blinken uit in connectiviteitsopties, met Wi-Fi, Bluetooth 5.3, NFC en ondersteuning voor meerdere plaatsbepalingssystemen. De Series 9 introduceert Ultra Wideband 2 (UWB) ondersteuning, een stap omhoog ten opzichte van de standaard UWB in de Series 8, en belooft verbeterd ruimtelijk bewustzijn en apparaatcommunicatie.

Beide horloges blijven de nadruk leggen op gezondheid en fitness met een uitgebreide reeks sensoren voor het monitoren van verschillende meetwaarden, waaronder hartslag, SpO2, VO2max en lichaamstemperatuur. De ECG-certificering en temperatuurmeting met een nauwkeurigheid van 0,01° benadrukken de focus op gezondheidsmonitoring.

De Apple Watch Series 9 is qua design en afmetingen een afspiegeling van de Series 8, maar brengt een aantal verbeteringen met zich mee, waaronder een helderder display, een geavanceerde chipset en een verdubbelde opslagcapaciteit. De Series 9 onderscheidt zich verder door de introductie van Ultra Wideband 2-ondersteuning

(UWB). Hoewel beide modellen een aantrekkelijke keuze blijven voor tech-enthousiastelingen, zullen degenen die op zoek zijn naar de helderste en meest geoptimaliseerde ervaring de Series 9 een waardige upgrade vinden. Maar nogmaals, als je de Series 8 hebt, zul je waarschijnlijk tevreden zijn met wat je hebt.

Apple Watch Series 9 naar de Apple Watch SE (2022)

Er is nog een laatste horloge om te vergelijken: de SE. De SE is een goedkoper model dat Apple meestal om het jaar upgradet. Goedkoper betekent echter niet slecht. Laten we in dit gedeelte eens kijken wat het precies betekent.

Op het eerste gezicht vertonen beide horloges de kenmerkende ontwerpethos van Apple, maar met subtiele verschillen. De Series 9 heeft afmetingen van 45 x 38 x 10,7 mm, iets groter dan de SE's 44 x 38 x 10,7 mm. De Series 9 is zwaarder, maar dat wordt gecompenseerd door een premium ontwerp met een roestvrijstalen frame en een keramische/saffierblauwe achterkant, vergeleken met het lichtere aluminium frame en de kunststof/saffierblauwe achterkant van de SE.

De Apple Watch Series 9 heeft een 1,9-inch Retina LTPO OLED-display met een piekhelderheid van 2000 nits, wat zorgt voor levendige en heldere beelden, zelfs in direct zonlicht. Ter vergelijking: de SE heeft een iets kleiner 1,78-inch scherm met een piekhelderheid van 1000 nits. Bovendien is de Series 9 voorzien van saffierkristal, terwijl de SE is uitgerust met Ion-X versterkt glas. Wat betekent dat? De Series 9 is wat steviger en beter bestand tegen krassen, en is beter zichtbaar in de zon.

Wat opslag betreft, verdubbelt de Series 9 de capaciteit met 64 GB ten opzichte van de 32 GB van de SE, waardoor er meer apps en gegevens kunnen worden opgeslagen.

Beide horloges blinken uit in connectiviteit, met Wi-Fi, Bluetooth 5.3, NFC en ondersteuning voor verschillende positioneringssystemen. De Series 9 introduceert echter Ultra Wideband 2 (UWB) ondersteuning, waardoor het ruimtelijk bewustzijn en de communicatie tussen apparaten wordt verbeterd.

Op het gebied van gezondheids- en fitnesstracking biedt de Series 9 een uitgebreider pakket sensoren, waaronder ECG-certificering, SpO2, VO2max en geavanceerde temperatuurdetectie, waardoor het een veelzijdigere metgezel is voor gezondheidsenthousiastelingen.

De Apple Watch Series 9 en de Apple Watch SE (2022) laten allebei zien dat Apple stijl wil combineren met functionaliteit. Terwijl de SE zich richt op gebruikers die op zoek zijn naar essentiële functies met een budgetvriendelijke aanpak, komt de Series 9 naar voren als een premium keuze, met een helderder en groter display, superieure bouwkwaliteit, verbeterde prestaties en geavanceerde functies voor het bijhouden van de gezondheid. Als je het horloge vooral koopt om je gezondheid te verbeteren, zul je waarschijnlijk blij zijn dat je extra hebt betaald voor het gewone horloge; als je een budget hebt en vooral bezig bent met fitness, dan zal de SE doen wat je nodig hebt. De SE wordt ook vaak gepromoot voor gezinnen - een horloge dat je kind kan dragen om in contact met je te blijven, zodat ze hun telefoon niet nodig hebben.

Apple Watch vs. de andere merken

We hebben gezien hoe Apple het doet tegen Apple. Hoe zit het met de andere merken? Met name Google en Samsung. We zullen er in dit gedeelte naar kijken, maar laat me eerst dit zeggen: als je een iPhone hebt, heb je een Apple Watch nodig; als je een Android-telefoon hebt, heb je een Android-horloge nodig (d.w.z. Google en Samsung). Dat komt omdat je horloge met je telefoon communiceert, en er is geen eenvoudige manier om een Apple Watch op een Android-telefoon te gebruiken en omgekeerd.

Apple Watch Series 9 vs. Google Pixel Watch

De Apple Watch Series 9 heeft een slank ontwerp met afmetingen van 45 x 38 x 10,7 mm en wordt geleverd in twee gewichtsvarianten, 42,3 g en 51,5 g, voor respectievelijk de 41 mm en 45 mm versie. Het horloge heeft een roestvrijstalen frame, een glazen voorkant en een keramische/saffier kristallen achterkant en is IP6X gecertificeerd en waterbestendig tot 50 meter.

De Google Pixel Watch heeft daarentegen een meer symmetrisch ontwerp met afmetingen van 41 x 41 x 12,3 mm en een lichter gewicht van 36 g. Het horloge heeft een roestvrijstalen frame en een voorkant van Gorilla Glass 5, wat duurzaamheid en 50 meter waterdichtheid belooft onder IP68-certificering.

Apple neemt het voortouw op het gebied van beeldschermtechnologie met een Retina LTPO OLED-scherm, dat een indrukwekkende piekhelderheid van 2000 nits biedt op een scherm van 1,9 inch. De resolutie bedraagt 484 x 396 pixels (dichtheid ~326 ppi) en het scherm wordt beschermd door saffierkristalglas, wat zowel de helderheid als de duurzaamheid ten goede komt.

De Pixel Watch heeft een kleiner 1,2-inch AMOLED-scherm met een piekhelderheid van 1000 nits en een resolutie van 450 x 450 pixels (~320 ppi dichtheid). De Corning Gorilla Glass 5 bescherming zorgt ervoor dat het scherm bestand blijft tegen krassen en beschadigingen.

De Apple Watch Series 9 heeft een royale interne opslagcapaciteit van 64 GB, een verdubbeling ten opzichte van de Google Pixel Watch die 32 GB heeft. Dit betekent meer ruimte voor apps, muziek en andere gegevens op de Apple Watch, waardoor hij nog bruikbaarder is voor gebruikers die onderweg meer opslagruimte nodig hebben.

Beide horloges zijn uitgerust met verschillende sensoren, waaronder een versnellingsmeter, gyroscoop, hartslagmeter, hoogtemeter, kompas en SpO2, voor liefhebbers van gezondheid en fitness. De Apple Watch Series 9 gaat echter nog een stapje verder met functies als ECG-certificering, VO2-max, lichaamstemperatuurmeting met een nauwkeurigheid van 0,01° en een permanente hoogtemeter, wat zorgt voor een uitgebreidere ervaring op het gebied van gezondheidstracking.

Zowel de Apple Watch Series 9 als de Google Pixel Watch bieden robuuste functies en een strak ontwerp, waardoor ze een aantrekkelijke keuze zijn voor techfanaten. De Apple Watch blinkt uit in beeldschermkwaliteit, opslagcapaciteit, gezondheidsfuncties en connectiviteit, waardoor het een uitgebreid pakket is voor wie in het Apple ecosysteem investeert.

Apple Watch Series 9 vs. Samsung Galaxy Watch 6

De Apple Watch Series 9 heeft een slank en verfijnd ontwerp met afmetingen van 45 x 38 x 10,7 mm. Het horloge heeft een roestvrijstalen frame, een glazen voorkant en een keramische/saffier kristallen achterkant en weegt 42,3 gram (41 mm) en 51,5 gram (45 mm). Het horloge is IP6X-gecertificeerd en biedt waterbestendigheid tot 50 meter en ECG-certificering.

De Samsung Galaxy Watch 6 heeft een iets andere esthetiek, met afmetingen van 42,8 x 44,4 x 9 mm en een aluminium frame. Het is lichter dan zijn Apple tegenhanger, met een gewicht van 33,3 g (44mm) en 28,7 g (40mm), en wordt geleverd met MIL-STD-810H compliance*, IP68 waterdichtheid, ECG-certificering en een bloeddrukmeter.

Apple gaat aan kop met een 1,9-inch Retina LTPO OLED-display, met een piekhelderheid van 2000 nits en een resolutie van 484 x 396 pixels (~326 ppi-dichtheid). De bescherming van saffierkristalglas en de always-on displayfunctie dragen bij aan een eersteklas kijkervaring.

Ter vergelijking, Samsung biedt een 1,5-inch Super AMOLED-scherm met een resolutie van 480 x 480 pixels (~453 ppi dichtheid). Hoewel het scherm kleiner is, is het helder en levendig en wordt het beschermd door saffierkristal, wat zorgt voor duurzaamheid en helderheid.

Opslag is een belangrijk verschil tussen de twee. De Apple Watch Series 9 biedt 64 GB aan interne opslagruimte, vier keer zoveel als de 16 GB van de Galaxy Watch 6. Dit verschil vertaalt zich in meer ruimte voor apps, muziek en andere gegevens. Dit verschil vertaalt zich in meer ruimte voor apps, muziek en andere gegevens, wat in het voordeel is van gebruikers die uitgebreide opslagmogelijkheden nodig hebben.

Beide horloges zitten boordevol gezondheids- en fitnessfuncties, waaronder een versnellingsmeter, gyroscoop, hartslagmeter, barometer en kompas. De Apple Watch biedt bovendien SpO2, VO2max, lichaamstemperatuurmeting met een nauwkeurigheid van 0,01° en een permanente hoogtemeter.

Samsung voegt er een uniek tintje aan toe met een bloeddrukmeter en een huidtemperatuurthermometer, wat zorgt voor een meer gediversifieerde ervaring op het gebied van gezondheidstracking. Beide horloges ondersteunen ook commando's in natuurlijke taal en dicteren, waardoor de interactie met de gebruiker wordt verbeterd.

De Apple Watch Series 9 en Samsung Galaxy Watch 6, beide overladen met functies en geavanceerde technologie, zijn topconcurrenten in de smartwatchmarkt. Apple blinkt uit met zijn beeldschermtechnologie, uitgebreide opslag en uitgebreide gezondheidsfuncties, die aansluiten bij gebruikers die diep verankerd zijn in het Apple ecosysteem.

[3]
BEGRIJPEN WAT DE APPLE WATCH KAN (EN NIET KAN) DOEN

Dit hoofdstuk behandelt:

- Wat de Apple Watch niet doet
- Wat de Apple Watch zal doen zonder iPhone in de buurt
- Wat de Apple Watch doet op Wi-Fi zonder iPhone in de buurt
- Dit en dat

Als je aan het horloge denkt, heb je misschien bepaalde verwachtingen - misschien is het Netflix kijken vanaf je pols of FaceTime met je vrienden. Dus voordat ik verder ga met hoe het horloge werkt, zal ik snel de belangrijkste dingen noemen die het horloge niet kan (waarvan sommige mensen denken dat het dat wel kan) en wat het wel kan.

Dingen die de Apple Watch niet doet...

- Video's afspelen; het kan heel kleine clips weergeven, maar ben niet van plan om *The Lord of the Rings* op je pols te bekijken.
- De Apple Watch kan berichten typen met het schermvullende toetsenbord. Elk ander horloge? Dan ga je krabbelen om te typen en dicteren (daarover later meer).
- Spelletjes spelen; hoewel er spelletjes voor de Apple Watch bestaan, is het horloge een metgezel van de telefoon en bedoeld voor het bekijken van korte berichten... niet voor het spelen van spelletjes. Dus ja, je kunt spelletjes spelen, maar dit is niet wat je wilt hebben om aan je gamebehoeften te voldoen.
- Synchroniseren met niet-Apple-telefoons; de Apple Watch werkt met geen enkele andere telefoon dan de iPhone. Family Setup heeft hier een hele grote *maar* aan toegevoegd. Met Family Setup kun je je iPhone gebruiken om andere

horloges in te stellen, wat betekent dat je hem in theorie zonder iPhone kunt gebruiken; dat is geweldig voor kinderen en sommige volwassenen. Maar als je echt van fitness houdt, dan wil je waarschijnlijk de optie om het met je telefoon te synchroniseren, en als je een niet-iPhone gebruiker bent, dan zal dat niet mogelijk zijn.

- Werkt met oudere telefoons; de Apple Watch is voor iPhone 5 en hoger.
- Werkt met een traditionele hoofdtelefoon; de Apple Watch heeft geen audio-ingang. Het werkt wel met Bluetooth hoofdtelefoons, maar deze worden niet bij het horloge geleverd.
- Een foto maken; je kunt foto's bekijken op het horloge, je kunt het zelfs gebruiken als externe zoeker om een foto te maken op je iPhone, maar het horloge heeft geen ingebouwde camera.

APPLE WATCH ZONDER IPHONE IN DE BUURT

Voor alle duidelijkheid: je moet een iPhone hebben om de Apple Watch te kunnen gebruiken (tenzij je Family Setup gebruikt). Het horloge is niet compatibel met Android of een andere smartphone. Maar je hoeft je iPhone niet overal mee naartoe te nemen om het horloge te kunnen gebruiken. En als je mobiel op het horloge hebt, kun je meer doen zonder je telefoon in de buurt. Hier zijn enkele dingen die je kunt doen als je je telefoon niet in de buurt hebt:

- Stel de tijd in.
- Muziek afspelen (je kunt tot 2 GB aan nummers op je horloge zetten... om het anders te zeggen, dat zijn ongeveer 500 nummers).
- Houd je hardloop- of trainingsactiviteiten bij: het houdt dingen bij zoals verbrande calorieën, hartslag en afstand/tempo en synchroniseert dit met je telefoon als je hem weer in de buurt hebt.
- Houd je sta-tijd en stappen bij.
- Bekijk je foto's-75 MB is gereserveerd voor foto's.
- Lees, verwijder en markeer e-mail die is binnengekomen.
- Gebruik het alarm, de stopwatch en de timer.
- Gebruik Passbook om tickets te laten zien (zoals een vliegtuig- of concertticket).
- Gebruik Apple Pay om dingen te kopen.

Wi-Fi zonder iPhone

En hier is wat je kunt doen als je je telefoon niet hebt, maar wel Wi-Fi:

- Tekstberichten verzenden en ontvangen en digitale aanraakberichten gebruiken (d.w.z. patronen tekenen en tikken om als bericht te verzenden).
- Siri gebruiken.

DIT EN DAT

Een paar andere dingen die je misschien moet weten over het horloge...

- Het duurt ongeveer twee uur om je Apple Watch volledig op te laden.
- Het verbruikt de batterij van je iPhone... soort van; omdat het horloge met je telefoon praat, wordt de batterij van je telefoon gebruikt. Het is niet veel, maar het is genoeg om te merken dat je aan het eind van de dag 30 minuten tot een uur niet meer gebruikt wat je eerst wel deed.
- Er zit een functie op het apparaat die "Taptic Engine" heet - klinkt leuk, toch? Maar wat is het? Met de Taptic Engine krijg je feedback op je pols die aanvoelt alsof iemand je tikt.
- Je kunt het als telefoon gebruiken... een soort van. Ja, het klinkt erg Dick Tracy-achtig om telefoongesprekken op je pols te krijgen, maar raak niet te enthousiast - het is een beetje onhandig in het gebruik; om er het meeste uit te halen, moet je het echt tegen je mond houden. En het geluid dat uit de luidsprekers komt is op zijn best ondermaats.
- Het vertelt de tijd! Ja, dat wist je waarschijnlijk al. Maar het geeft ook heel precies de tijd aan (binnen 50 milliseconden), waardoor het een van de nauwkeurigste horloges is die ooit zijn gemaakt.

[4]

HOE STEL IK DIT DING IN?

Dit hoofdstuk behandelt:

- De Apple Watch voor het eerst instellen
- Herstellen vanaf een Apple Watch van de vorige generatie

Dit hoofdstuk gaat over het uit de doos halen en voor de eerste keer instellen. Misschien vind je het prima om dit te doen zonder te lezen hoe. Als dat het geval is, ga dan door naar het volgende hoofdstuk-je zult hier niets missen.

Het proces is vrij eenvoudig, maar als je een uitleg wilt van wat het eigenlijk in elke stap doet, zoals waarom het naar privacy vraagt, lees dan verder.

Ik ben niet zo van de unboxings. Je weet wat er in de doos zit door naar de doos te kijken. Maar met de nieuwste Apple Watch is er iets heel belangrijks aan te wijzen over de doos. Het is niet wat erin zit... het is wat er *niet* in zit. Een oplaadadapter! Er wordt echter wel een oplaadkabel meegeleverd.

In een poging om milieuvriendelijker te zijn, heeft Apple de doos met oplaadadapters bij het apparaat overgeslagen.

Als je er een moet kopen, is de officiële adapter € 19. Je kunt niet-officiële adapters goedkoper kopen, maar omdat deze niet door Apple worden goedgekeurd, is het gebruik ervan op eigen risico.

Als je toevallig net je horloge aan het updaten bent, dan kun je dat op het horloge zelf doen (je hoeft het niet meer op je iPhone te doen zoals bij de eerdere horloges); ga gewoon naar de Instellingen-app > Algemeen > Software-update.

OPMERKING VOOR GEBRUIKERS DIE UPDATEN: Als je je iPhone en horloge bijwerkt vanaf een vorig besturingssysteem, is er een kans dat je je horloge opnieuw moet formatteren om het te synchroniseren. Als dat gebeurt, moet je vanaf je horloge naar Instellingen > Algemeen > Reset gaan; tik vervolgens op Wis alle inhoud en instellingen.

Dingen opzetten

Zodra je het horloge uit de doos hebt, druk je op de knop aan de zijkant om het horloge aan te zetten. Je krijgt het volgende scherm te zien:

Omdat de Apple Watch geen toetsenbord heeft (behalve op de Series 7 en hoger, maar niet in de setup), is de setup een beetje ongebruikelijk vergeleken met andere Apple producten. Het instellen van de Apple Watch begint niet met het horloge, maar met de iPhone.

Als je geen iPhone iOS 12 of hoger hebt, is het eerste wat je moet doen je telefoon updaten (idealiter wil je iOS 14 op je iPhone). Je hebt ook minstens een iPhone 5 nodig - iets minder is niet compatibel. Om te zien of je telefoon moet worden bijgewerkt, ga je naar Instellingen op de iPhone, dan Algemeen en ten slotte Software-update-Daar kun je zien of je telefoon up-to-date is.

Als je overal van op de hoogte bent, ga dan naar de Watch-app en tik op Start Pairing (Koppelen starten).. Hierdoor krijg je het onderstaande instelscherm.

Plaats je horloge (zorg ervoor dat het aan staat) in dat vierkante vakje. Je zult zien dat je horloge nu een bewegend beeld op het scherm heeft. Binnen een paar seconden staat er dat je horloge is gekoppeld.

Vanaf hier kun je ofwel herstellen vanaf een back-up of instellen als een nieuw horloge. Als je nog nooit een Apple Watch hebt gehad (of als je helemaal opnieuw wilt beginnen), kies dan de tweede optie. Als je al in het bezit was van eerdere generaties, kies dan de eerste (dit zet al je voorkeuren van je oude horloge op je nieuwe horloge). Ervan uitgaande dat je het als een nieuw horloge instelt, vraagt het volgende scherm of je het horloge om je linker- of rechterpols draagt. Op basis van je antwoord verandert de oriëntatie van het horloge (je kunt dit later weer veranderen).

Vervolgens moet je akkoord gaan met de voorwaarden. Lees het gerust grondig door-geef het dan aan je advocaat om te vragen wat hij ervan vindt... of druk gewoon op Akkoord zoals iedereen. Nadat je akkoord bent gegaan met de voorwaarden, krijg je een melding dat sommige apps gebruik zullen maken van bijvoorbeeld je locatie. Dat klinkt eng, maar het komt erop neer dat als je een kaart wilt gebruiken om een routebeschrijving te krijgen, deze eerst moet weten waar je bent. Je enige optie hier is om op OK te drukken.

Nadat je hebt ingestemd met het delen van je locatie met apps, moet je een wachtwoord to-evoegen. Dit werkt ongeveer hetzelfde als op je telefoon (voordat je telefoon een vingerafdruk had om te ontgrendelen of Face ID). Je hoeft geen wachtwoordcode toe te voegen. Door het toe te voegen, bescherm je je horloge tegen iemand die het steelt en vervolgens gebruikt.

Breekt Apple je hart met deze opstelling? Het volgende scherm helpt je om het op te sporen! Het vertelt je alles over de nieuwe hartmonitorfunctie. Lees het en klik op Doorgaan.

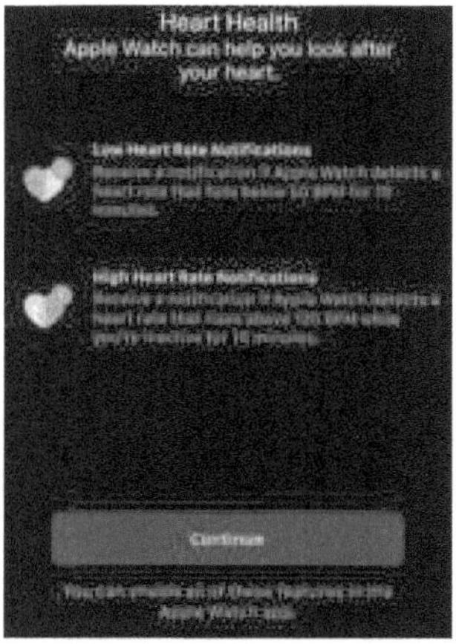

De volgende is SOS. Deze functie stuurt een sms naar je contactpersonen om ze te laten weten dat je in de problemen zit. Het is een soort Apple's versie van "Ik ben gevallen en kan niet opstaan". Lees het en druk op Doorgaan om verder te gaan.

Misschien wist je het niet, maar veel van je favoriete apps hebben al Watch-apps. Je kunt alles toevoegen wat je al hebt, of ze later uitkiezen. Persoonlijk zou ik er voorzichtig mee zijn om ze allemaal te selecteren. Dit is de makkelijkste optie, maar je zult waarschijnlijk merken dat veel van je favoriete telefoon-apps nutteloos zijn op je pols.

Je bent bijna klaar. Je telefoon en horloge worden nu gesynchroniseerd met alle instellingen die je zojuist hebt geselecteerd. Als je hebt besloten om alle apps te installeren, duurt het een paar minuten voordat dit is voltooid. Onderweg krijg je waarschijnlijk ook een bericht dat je telefoon en horloge nu sms-berichten delen, wat betekent dat als iemand je sms't, je dat ook op je pols krijgt.

Er verschijnt nu een bericht op zowel je telefoon als je horloge dat het klaar is. Je kunt nu je horloge gebruiken!

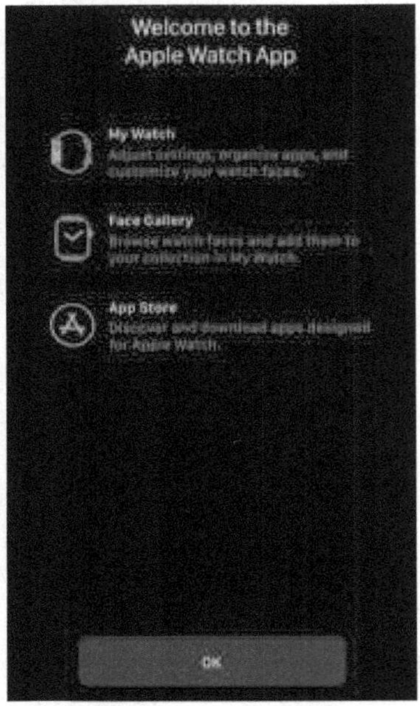
Welcome to the
Apple Watch App
My Watch
Face Gallery
App Store
OK

[5]

GENOEG GEÏNSTALLEERD! LAAT ME ZIEN HOE IK HET MOET GEBRUIKEN!

Dit hoofdstuk behandelt:

- Instellingen aanpassen
- Wat statussymbolen vertegenwoordigen
- Wat is er gebeurd met Touch?
- Gebaren en snelkoppelingen
- Pictogrammen ordenen
- Handoff tussen Apple Watch en iPhone

De installatie spreekt voor zich, toch? Waar je *echt* op zit te wachten is hoe je dit ding kunt gebruiken! Dus laten we beginnen!

ACTIEKNOP

Voordat ik te ver inga op alle briljante functies, moet ik één ding noemen: de actieknop.

Als je een video van de Ultra hebt gezien of hem misschien persoonlijk hebt gezien, is het je misschien opgevallen dat hij een extra knop heeft. Die knop heet de "actieknop". Hij is exclusief voor de Apple Watch Ultra.

Wat is het? Wat wil je dat het is! Dat komt omdat hij behoorlijk aanpasbaar is. Het doel van de knop is eigenlijk om te fungeren als een snelkoppeling die je snel ergens brengt. Omdat het horloge gericht is op mensen die meer extreme sporten beoefenen, is het een manier om ervoor te zorgen dat ze naar de functie kunnen gaan die ze het meest nodig hebben zonder erover na te hoeven denken.

INSCHAKELEN, WAKKER WORDEN EN ONTGRENDELEN

Om je horloge aan te zetten, houd je de zijknop ingedrukt tot het Apple logo verschijnt; om het uit te zetten, houd je de zijknop ingedrukt tot er een schuifbalk verschijnt die je naar rechts moet slepen om het horloge uit te zetten.

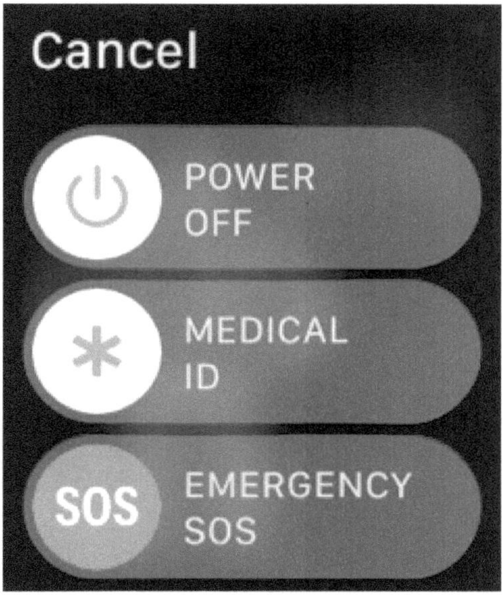

Je horloge uit de stand-bystand halen gaat zonder enige moeite - je hoeft alleen maar je pols op te tillen! Hoe is dat voor gemakkelijk? De stand-bymodus weer inschakelen is net zo eenvoudig: leg je pols neer.

Als je je pols optilt en stand-by gaat niet uit, dan is het mogelijk dat je een instelling hebt veranderd. Open de knop Instellingen op het beginscherm van je horloge (het ziet er net zo uit als op je telefoon, behalve dat het rond is) en ga dan naar Algemeen en Oriëntatie.-Zorg ervoor dat Oriëntatie is ingesteld op de pols die je draagt. Als je het horloge bijvoorbeeld aan je rechterhand draagt en Oriëntatie is ingesteld op de linkerhand, verander het dan. Het andere wat er kan zijn gebeurd is dat je batterij leeg is.

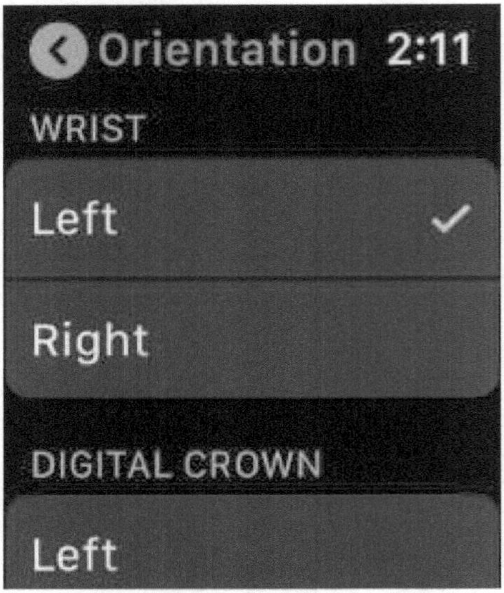

Wanneer je je pols optilt, toont het horloge je wijzerplaat (d.w.z. de tijd) of de laatst geopende app. Standaard toont het de wijzerplaat, maar als je wilt dat het naar je laatste activiteit gaat, ga dan naar Instellingen, dan Algemeen en ten slotte Wekscherm- zodra je hierop tikt, kies je Hervat vorige activiteit..

Je kunt het horloge ook ontgrendelen met je telefoon door middel van een wachtwoord. Dit is een geweldige functie als je je horloge vaak afdoet. Het betekent niet dat je elke keer dat je naar de tijd kijkt een wachtwoord moet invoeren - het is alleen nodig als het horloge niet om je pols zit of te los gedragen wordt. De toegangscode kan dezelfde zijn als op de telefoon, maar het is aan te raden om een andere code in te voeren. Om de wachtwoordcode te activeren, ga je naar Instellingen op het beginscherm van je horloge en scrol je naar beneden totdat je Wachtwoordcode ziet en tik je erop. Tik op Ontgrendelen met iPhone inschakelen. Als je het ooit wilt veranderen, volg je dezelfde stappen, maar kies je Code wijzigen.

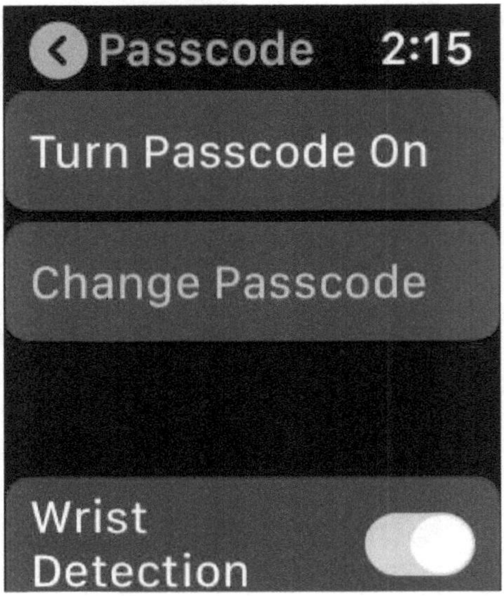

Als je ooit je wachtwoordcode vergeet, koppel je horloge dan los van de iPhone en wis alle instellingen.

TEKSTGROOTTE AANPASSENHELDERHEIDGELUIDENEN HAPTIEK

Ik hoop dat je van instellingen houdt, want daar blijven we voor dit deel!

De Apple Watch is waarschijnlijk kleiner dan je gewend bent bij het lezen van berichten, e-mails, nieuws, enz.; als het te klein is, kun je tekst groter maken door naar Helderheid en TekstgrootteTik op Tekstgrootte en gebruik de knop van de digitale kroon om het te vergroten of te verkleinen. te gebruiken om het te vergroten of te verkleinen. Je kunt ook aan- of uitvinken om de tekst vetgedrukt te maken. (Opmerking: voordat vetgedrukte tekst wordt gebruikt, moet het horloge opnieuw worden ingesteld).

In ditzelfde menu kun je de helderheid van het horloge aanpassen.

Als je de standaardgeluiden op je horloge niet mooi vindt, ga dan naar Geluiden & Haptiek in het menu Instellingen. Gebruik de knop van je digitale kroon om aan te passen hoe luid het wordt. Je kunt geluiden ook dempen door over te schakelen naar de modus Stil. (Opmerking: dempen schakelt het geluid van alarmen niet uit).

Voor sommige meldingen krijg je een tikje op je pols, waar je van kunt houden of een hekel aan kunt hebben. Als je er een hekel aan hebt, ga dan terug naar het vorige menu. Ga vervolgens naar de Haptische sectie en je kunt het aan- of uitzetten en ook prominenter maken.

De Apple Watch opladen

Het opladen van Het opladen van je horloge is heel eenvoudig; het kan in het begin een beetje vreemd zijn, omdat de oplader magnetisch is en niet in het horloge past, maar aan de achterkant vastklikt. Zorg ervoor dat je de oplader gebruikt die bij je apparaat is geleverd. Als je een andere oplader gebruikt, kan het apparaat overladen raken, waardoor de batterij snel leeg raakt.

Het duurt ongeveer twee uur om het horloge volledig op te laden.

Als je wilt weten hoeveel tijd er nodig is voor een volledige lading, veeg je omhoog vanaf de wijzerplaat van het horloge.en veeg dan naar de batterij oogopslag.

Als het horloge minder dan 10% stroom over heeft, gaat het automatisch naar de energiereserve-modus. In deze modus geeft het horloge de tijd aan, maar zijn andere apps niet beschikbaar. Je kunt de energiereserve ook handmatig inschakelen door drie seconden op de zijknop te drukken totdat het energiemenu verschijnt en vervolgens naar de energiereserve te vegen.

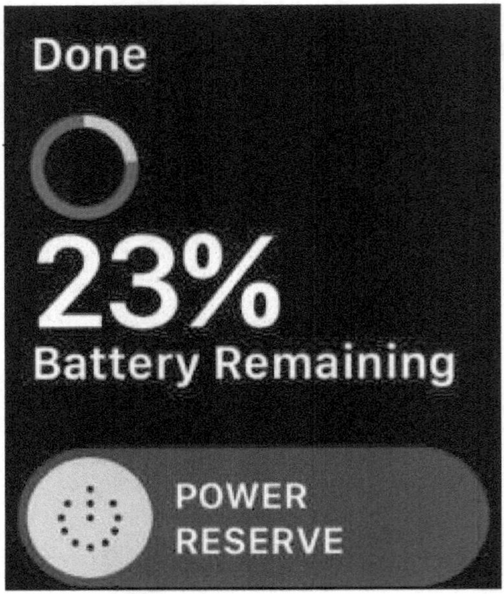

Je kunt op elk moment zien hoeveel tijd je nog over hebt in je batterijreserve door vanaf de wijzerplaat omhoog te vegen om Glances (Overzichten) te openen.en vervolgens naar Energiereserve te vegen. Je kunt ook de Apple Watch-app op je iPhone gebruiken om te zien wanneer je het horloge voor het laatst hebt opgeladen.

OPMERKING: Telkens als ik Glances in dit boek, betekent dat dat je omhoog moet vegen vanaf je apparaten-er zijn veel Glances die ik zal behandelen.

BATTERIJ GEZONDHEID

Batterij De levensduur is belangrijk voor elke gadget, maar dit geldt in het bijzonder voor de Apple Watch; je wilt hem gebruiken om je fitnessdoelen bij te houden en zelfs je slaap - voor sommige mensen wil je hem de hele tijd aan laten staan. Maar je moet hem op een gegeven moment opladen. Met de opties voor batterijgezondheid haal je het meeste uit je batterij.

Er zijn eigenlijk twee grote problemen als het gaat om de gezondheid van de batterij: één, je wilt ervoor zorgen dat je de batterij zo lang mogelijk kunt gebruiken voordat je hem oplaadt en twee, je wilt ervoor zorgen dat hij niet overladen wordt.

Als je je horloge bijvoorbeeld de hele nacht laat opladen, zal het op een bepaald moment in de nacht volledig opgeladen zijn, maar het blijft opladen. Dat zorgt voor extra slijtage van de batterij binnenin. Je kunt Geoptimaliseerde batterij inschakelen Opladen inschakelen om meer te weten te komen over je oplaadgewoonten. Als het systeem merkt dat je de batterij meestal 's nachts oplaadt, laadt het de batterij op tot 80% en laadt het de resterende 20% een uur voordat je normaal opstaat. Zo blijft de batterij langer gezond.

Ga om te beginnen naar de app Instellingen en tik vervolgens op Batterij. Je krijgt nu een overzicht van je batterij. In mijn geval staat de batterij op 61%.

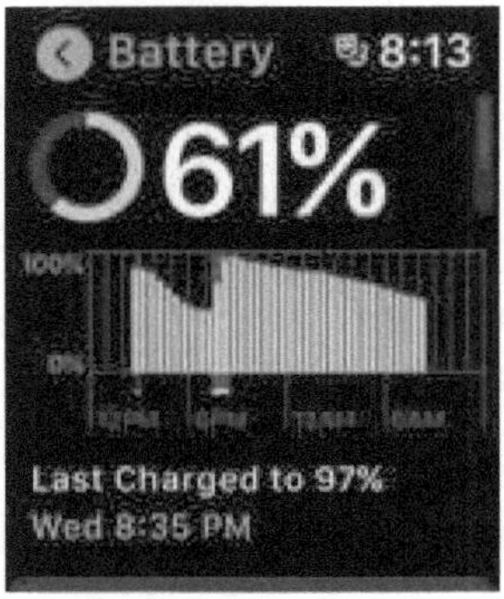

Als ik naar beneden scrol (of aan de digitale kroon draai), is er een optie om handmatig de energiereserve en daarboven een knop voor Batterij Gezondheid.

Als u op Batterij tikt Gezondheid ziet u wat de huidige levensduur van uw batterij is. In het onderstaande voorbeeld is de maximale capaciteit 86%.

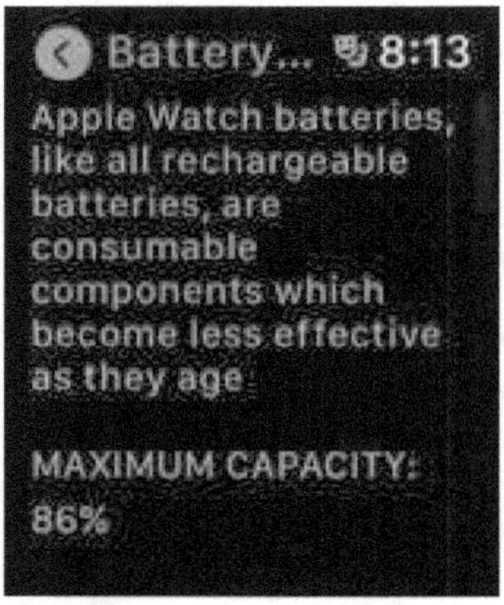

Scroll iets naar beneden en je ziet een optie om Geoptimaliseerde batterij in te schakelen Opladen in en uit te schakelen.

INSTELLINGEN OP DE IPHONE

Nu we alle instellingen hebben besproken, is hier een hint die je waarschijnlijk vervelend vindt omdat ik je dit niet eerder heb verteld: je kunt dit bijna allemaal op je iPhone doen!

Je hebt je telefoon niet altijd bij je, dus je moet weten waar ze staan op zowel het horloge als de telefoon. De meeste mensen zullen het echter gemakkelijker vinden om de instellingen op een groter apparaat te bedienen.

Om de instellingen aan te passen, ga je naar je Watch-app op je telefoon en scroll je naar beneden naar de gewenste instelling. Alles wat je hier verandert, wordt automatisch gesynchroniseerd met je horloge. Je hoeft verder niets te doen!

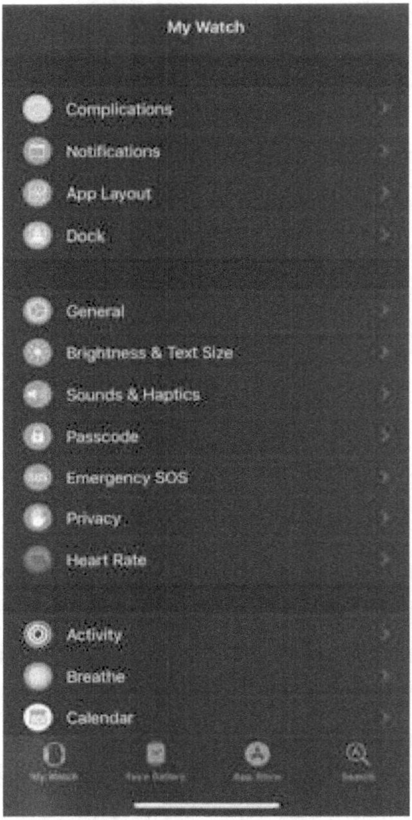

Status Pictograms

Meldingen Meldingen op de Apple Watch zijn er in vele vormen; één manier is via statuspictogrammen; met deze pictogrammen kun je snel naar je pols kijken en weten dat er een nieuwe e-mail is of dat je horloge moet worden opgeladen. Sommige zijn minder duidelijk dan andere. Hieronder vind je een overzicht van de statuspictogrammen en wat ze betekenen:

Je hebt een ongelezen melding zoals een e-mail.

De Apple Watch wordt opgeladen.

Je batterij is bijna leeg.

De Apple Watch is vergrendeld en heeft een wachtwoord nodig om te kunnen worden gebruikt.

Uw horloge staat in de Niet storen modus en maakt geen geluid of licht op totdat het weer wordt ingeschakeld; alarmen werken echter nog wel.

De Apple Watch staat in vliegtuigmodus modus en alleen niet-draadloze functies werken-Bluetooth en Wi-Fi zijn niet ingeschakeld.

Je horloge staat in de Theatermodus en blijft stil en het scherm blijft donker, tenzij je op het scherm tikt of op een van de knoppen drukt.

Je horloge is verbonden met een Wi-Fi-netwerk netwerk in plaats van met je telefoon.

Dit zie je alleen op een Apple Watch met een mobiele verbinding. Het geeft aan dat je mobiel verbonden bent; de balken geven aan hoe sterk de verbinding is. Vier is het hoogst.

Nogmaals, dit zie je alleen op een Apple Watch met een mobiele verbinding en het betekent dat je je mobiele verbinding bent kwijtgeraakt.

Als je zwemt of iets doet met veel water, geeft dit aan dat het waterslot is ingeschakeld en dat het horloge niet reageert op tikken.

Veeg omhoog naar je Glances en je ziet dit pictogram; het vertegenwoordigt je audioverbinding. Als je hierop tikt, kun je de audio van je horloge naar een ander apparaat overschakelen. Dus als je bijvoorbeeld naar muziek luistert en het wilt afspelen op een draadloze headset.

Locatieservice is ingeschakeld. Wat betekent dit? Het betekent dat er een app (zoals Maps) die je locatie op de achtergrond gebruikt.

Je horloge is niet langer gekoppeld met je telefoon.

Er vindt draadloze activiteit plaats of een andere actieve gebeurtenis, zoals het laden van een app.

Als je de Workout-app, dan zie je dit statuspictogram verschijnen. Tik erop om terug te schakelen naar de app.

Ik zal de Walkie-Talkie-functie later; voor nu moet je begrijpen dat dit pictogram die functie vertegenwoordigt.

Je ziet dit pictogram wanneer er audio wordt afgespeeld.

Als je een app van derden gebruikt voor routebeschrijving of navigatie, zie je dit statuspictogram.

Soms luistert je horloge - als je horloge bijvoorbeeld detecteert dat je je handen wast, dan verschijnt dit pictogram om je te vertellen dat de microfoon aan staat en dat het horloge nu luistert naar wat je doet (het water detecteren, in dat voorbeeld).

Als je de slaapstand hebt geactiveerd, zie je dit statuspictogram wanneer je naar bed bent gegaan. Je kunt het handmatig inschakelen door omhoog te vegen naar het scherm Glances en op het pictogram te tikken. te komen en op het pictogram te tikken.

Gebaren en snelkoppelingen

Met zo'n beperkte ruimte heeft Apple echt gebruik gemaakt van iets dat Gestures heet. Gestures is in wezen je horloge dat verschillende dingen doet op basis van hoe je het horloge aanraakt of veegt. Als je een iPhone of Mac met Force Touch-dan ben je hier al enigszins bekend mee. Zo niet, maak je dan geen zorgen - het is gemakkelijk te begrijpen.

In dit gedeelte vind je een snel overzicht van de bewegingen en snelkoppelingen waarmee je snel kunt doen wat je moet doen.

De grote drie

Er zijn drie acties die je meer zult gebruiken dan andere.

#1

De snelkoppeling die je het meest zult gebruiken is de knop Digital Crown. knop; als je erop drukt, ga je altijd terug naar het beginscherm. Het is net als de Home-knop op je iPhone (als je een iPhone hebt die nog een Home-schermknop heeft).

#2

Als je vanaf de bovenrand van je wijzerplaat naar beneden veegt, krijg je meldingen. Als je een sms, e-mail of andere melding hebt gemist, veeg je naar beneden om te zien wat het was. Je weet waarschijnlijk dat dit gebaar precies hetzelfde is als op je iPhone - Apple probeert waar mogelijk gebaren hetzelfde of vergelijkbaar te houden.

Als je naar links veegt over een melding, krijg je nog twee opties: wissen en meer opties.

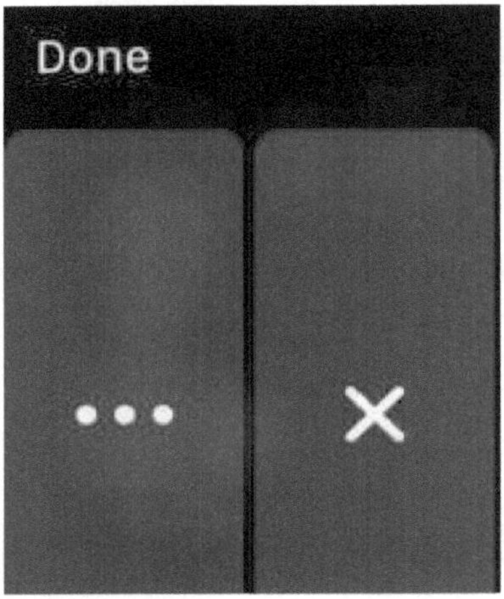

Wissen doet precies hoe het klinkt: wissen! Met Meer opties kun je veranderen hoe een melding wordt afgeleverd.

Meldingen kunnen zich snel opstapelen. Misschien ben jij het type dat ze allemaal afzonderlijk wil opruimen; ik vind het tijdrovend en ruim ze liever in één keer op. Dat is heel eenvoudig! Je hoeft alleen maar op een melding te tikken en deze vast te houden (dat betekent dat je de melding stevig aanraakt en vasthoudt totdat er een bericht verschijnt). Als de melding Alles wissen verschijnt, tik je erop. Hierdoor wordt de melding niet verwijderd.

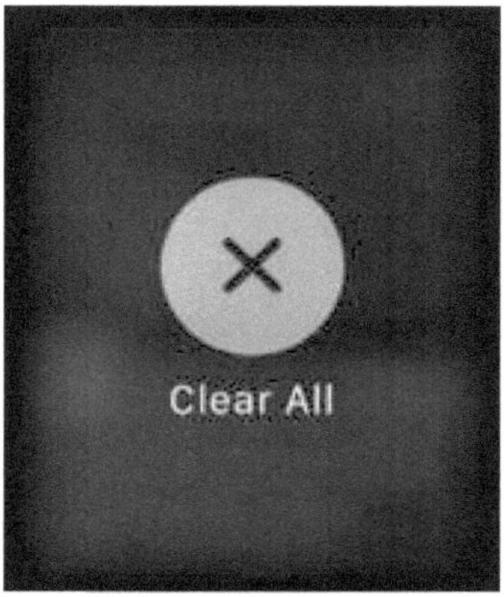

#3

Veeg omhoog vanaf de onderste rand van je wijzerplaat om Glances te zien.. Glances lijkt een beetje op het Control Center op je iPhone; op oudere iPhones maak je hetzelfde gebaar om er te komen (omhoog vegen); nieuwere iPhones openen dit door naar beneden te vegen in de rechter-bovenhoek.

BLIKKEN

Blikken zijn niets meer dan snelkoppelingen en toggles. Al die statuspictogrammen die ik net noemde? Veel ervan zijn hier ingeschakeld.

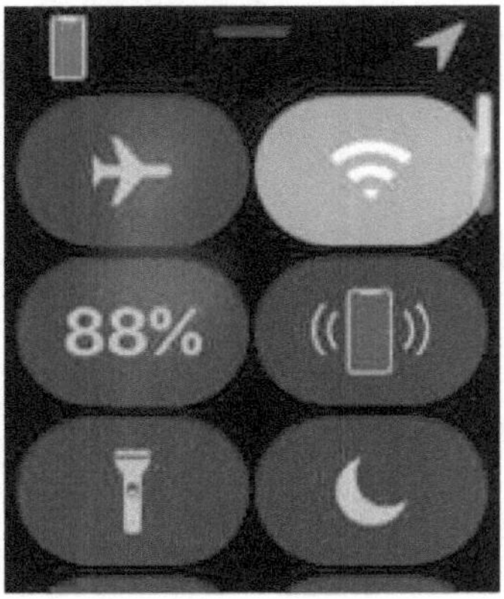

Dus als je de Zwemmodus of Vliegtuigmodus modus wilt inschakelen, bijvoorbeeld, ga je gewoon naar Glances en druk je op de knop. Druk er nogmaals op om het uit te schakelen. Sommige pictogrammen (zoals het batterijstatuspictogram) openen meer opties.

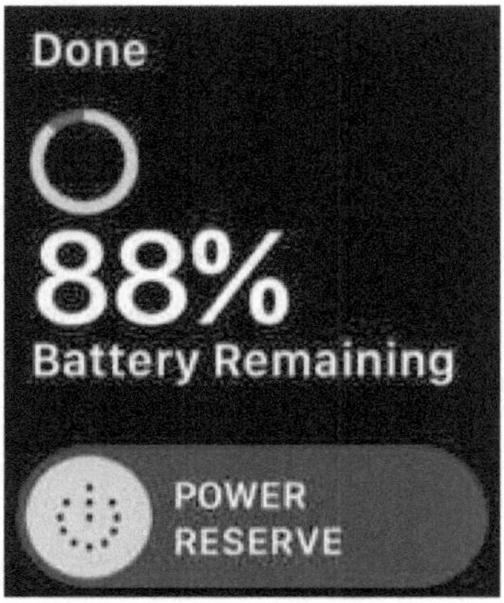

Een statuspictogram dat nog niet eerder is behandeld, is de zaklamp, een van de Glance-opties.

Op je iPhone is de zaklamp best handig (en helder); op het horloge? Niet zo veel. Op het horloge gaat het display aan, dus je hebt "wat" licht, maar het is niet dezelfde helderheid als wanneer je de flitser van je camera gebruikt, zoals op de telefoon. Als je erover veegt, verschijnen de verschillende soorten flitslicht (wit, wit knipperend en rood). Veeg naar beneden om het uit te schakelen.

Onderaan Glancesstaat een knop Bewerken. Als je daarop tikt, kun je pictogrammen verslepen; zo kun je de pictogrammen ordenen op volgorde van de pictogrammen die je het meest gebruikt.

Je kunt ook op de -knop in de linkerbovenhoek van elk pictogram tikken om het te verwijderen uit Glances. Je kunt niet elk pictogram verwijderen, maar wel de meeste.

Als je het verwijdert, is het niet voorgoed weg. Je kunt het terugkrijgen door naar de onderkant te gaan; het wordt weergegeven onder Meer.

Kracht Aanraking

Apple heeft Force Touch een hele tijd gepromoot als een innovatie op het gebied van gebaren, en toen gebeurde het niet. En nu is het weg!

Kracht Aanraken zou niet alleen meten wat je aanraakt, maar ook hoe hard je het aanraakt. Als je op je horloge/klokscherm iets harder op het scherm drukt, kun je de wijzerplaat veranderen. In apps wordt Force Touch een beetje gebruikt zoals rechtsklikken op een computer: er worden opties weergegeven.

Apple heeft sindsdien besloten om deze functie helemaal te verbergen. Dus als je je afvraagt waarom je niet langer een menu te zien krijgt door stevig op te drukken, dan is dat de reden.

ZOOMEN

Je bent misschien gewend aan knijpen en zoomen op je iPhone en iPad; wees bereid om teleurgesteld te zijn... op een kleiner scherm werkt deze methode gewoon niet. In plaats daarvan is er de Digitale Kroonwaarmee je kunt in- en uitzoomen door aan de knop te draaien. Je kunt het gebruiken om foto's en kaarten te vergroten.

HET SCHERM UITSCHAKELEN

Er is geen fysieke knop om de Apple Watch uit te zetten. Om het scherm uit te zetten kun je je hand naar beneden doen of het horloge bedekken met je andere hand. Je kunt ook alarmen uitschakelen door je hand over het scherm te houden.

SIRI STARTEN

Er zijn twee snelle manieren om Siri te startenéén: houd de digitale kroon ingedrukttwee: til je pols op en spreek - er zijn geen knoppen nodig. Voorheen moest je "Hé Siri" zeggen; dat is nu niet meer nodig. Het horloge detecteert dat je je pols optilt om te spreken en hoort wat je zegt.

Je kunt Siri ook gebruiken gebruiken voor vertalingen. Zeg gewoon "Hé Siri, hoe zeg je X [ding] in Y [taal]?".

Zoek je iPhone

Als je je iPhone niet kunt vinden, kun je hem snel pingen met je horloge om te zien of hij in de buurt is. Ga naar je wijzerplaat, veeg omhoog om Glances te openenen tik dan op het telefoonpictogram.

Hierdoor begint je telefoon te piepen. (Opmerking: om dit te laten werken moet je Zoek mijn iPhone van iCloud.)

Vliegtuig Modus

Bij de meeste luchtvaartmaatschappijen mag je je horloge aan laten staan tijdens het vliegen, maar ze willen het dan wel in de vliegtuigmodus modus (die instellingen uitschakelt die het vliegtuig zouden kunnen storen).

Om het horloge in vliegtuigmodus modus te zetten, ga je naar je wijzerplaat, veeg je omhoog vanaf de onderkant om Glances te openen, ga je naar Instellingen en tik je op de knop die op een vliegtuig lijkt.en ga je naar de blik Instellingen, tik je op de knop die eruitziet als een vliegtuig. Herhaal de stappen om de modus uit te schakelen.

Als je wilt dat het horloge in vliegtuigmodus gaat in vliegtuigmodus gaat wanneer je telefoon dat doet, ga dan naar de Apple Watch-app, tik op Mijn horloge, tik vervolgens op Vliegtuigmodus en zet Mirror iPhone aan. Herhaal de stappen om uit te schakelen.

KNOP OPZIJ

Om te schakelen tussen je meest recent gebruikte apps, druk je op de zijknop op de wijzerplaat. Hierdoor worden alle apps als een rolodex weergegeven. Het is een beetje zoals multitasken op een iPhone.

Gebruik de digitale kroon om er doorheen te bladeren; tik eenmaal om een app te openen; veeg naar rechts om de app te crashen.

LAATSTE TOEPASSING

Snel terug naar de laatst gebruikte app? Dubbelklik op de digitale kroon.

APPLE PORTEMONNEE

Om Apple Pay te gebruiken met Apple Wallet-dubbeltik je op de zijknop; er verschijnt een afbeelding van je creditcard en je wordt gevraagd om deze bij de lezer te leggen (je telefoon hoeft niet in de buurt te zijn); zodra de kaart bij de lezer ligt, voer je je wachtwoordcode in. Ben je bang dat iemand je horloge afpakt en je creditcard gebruikt? Het werkt niet als je het van je pols afhaalt.

Als je een andere creditcard wilt gebruiken, veeg je naar links. Als je de gewenste kaart hebt gevonden, draai je de kaart naar de lezer. Als de transactie is voltooid, hoor je een pieptoon en voel je een tik - dit waarschuwt je dat de transactie is voltooid.

Voordat je Apple Paymoet je het echter eerst instellen. Dit doe je op de iPhone. Tik vanaf je iPhone op de Apple Watch-app en scroll vervolgens naar Creditcard of betaalkaart toevoegen en tik erop. Je kunt een kaart gebruiken die in iTunes is opgeslagen of een nieuwe kaart toevoegen. In beide gevallen moet je je beveiligingsnummer invoeren (of het volledige nummer als je een nieuwe kaart toevoegt); afhankelijk van de kaart moet je mogelijk nog een andere stap uitvoeren, meestal een sms met een code van je bank. Als je de code krijgt, tik je op Verifiëren en voer je deze in. Je bent helemaal klaar om je horloge te gebruiken om dingen te kopen!

De Wallet app synchroniseert automatisch met je iPhone. Je kunt niet meteen een creditcard aan je horloge toevoegen, maar je kunt hem wel op je iPhone toevoegen en dan heb je hem binnen een paar seconden om je pols. Je kunt de kaart op dezelfde manier gebruiken als op je telefoon. Open de Wallet app, selecteer de kaart waarmee je wilt betalen en houd je pols tegen de kaartautomaat. Zolang de automaat is ingesteld voor Apple betalingen, zal hij je kaart opladen.

Apple Wallet instellen op de iPhone

Apple Wallet is de plek waar je digitale versies van dingen zoals creditcards, verzekeringspassen en zelfs ID's en sleutels kunt opslaan. Het wordt elk jaar groter en groter, maar helaas is het aan bedrijven om het toe te voegen aan het systeem van Apple. Dus als je je creditcardmaatschappij niet ziet of iets als een ID niet kunt toevoegen, komt dat omdat het nog niet wordt ondersteund.

In het gedeelte over Apple Services in deze handleiding worden de functies uitgebreider besproken.

Om iets aan je Wallet toe te voegen, open je de Wallet-app en tik je op het +-pictogram in de rechterbovenhoek.

Selecteer vervolgens wat je wilt toevoegen. Je kunt ook een Apple Card aanvragen. De Apple Card is de creditcard van Apple.

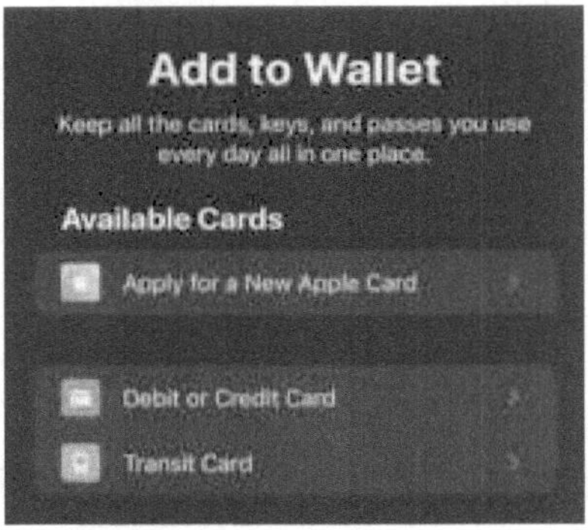

Alleen omdat je dit misschien in de VS leest, moet je er niet van uitgaan dat je geen dingen uit andere landen ziet. Als je ergens naartoe reist zoals China, zul je zelfs transitkaarten voor dat land zien.

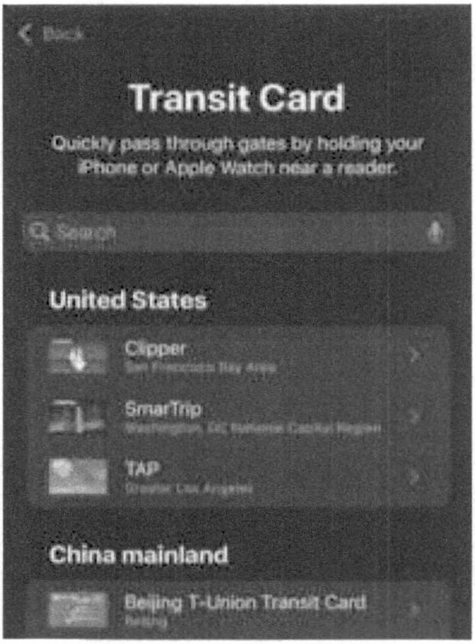

HANDOFF TUSSEN APPLE WATCH EN IPHONE

Handoff Hiermee kun je schakelen tussen je horloge en je telefoon zonder je plaats te verliezen. Als je een e-mail leest op je horloge en je wilt antwoorden op je telefoon, ga dan naar Handoff op je telefoon. Handoff verscheen eerst op het vergrendelscherm - dat is nu iets minder duidelijk. Je hebt nu toegang tot Handoff via je app switcher scherm op de iPhone (zie hieronder). Veeg omhoog en houd vast op je iPhone.

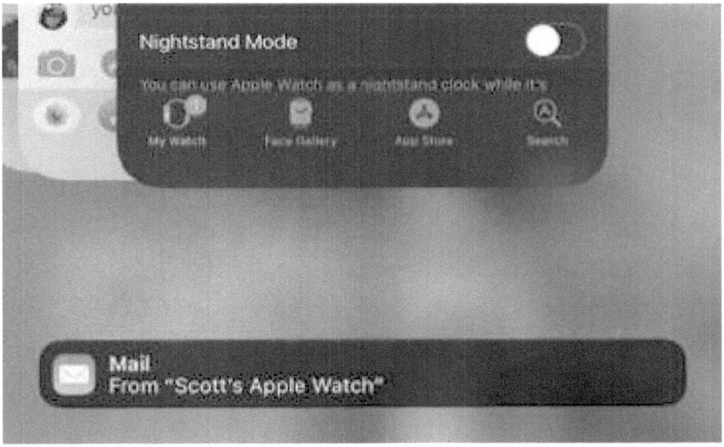

Op een MacBook staat Handoff in het dock. Het heeft een Apple Watch-pictogram in de rechterbovenhoek.

Je kunt Handoff in- en uitschakelen door de Apple Watch-app op je iPhone te openen, naar Mijn horloge te gaan, op Algemeen te tikken en Handoff in te schakelen.

PICTOGRAMMEN RANGSCHIKKEN

Er zijn twee app-weergaven op de Apple Watch: Rasterweergave en lijstweergave.

ROOSTERWEERGAVE

Rasterweergave is de weergave waar de meeste mensen aan gewend zijn; het is ook piepklein... echt piepklein. Als je veel apps hebt, kan het moeilijk zijn om de app te vinden die je wilt. Als je het moeilijk vindt om te navigeren, kan de lijstweergave helpen.

Lijstweergave

De lijstweergave zet alle apps in een bladerbare lijst op alfabetische volgorde.

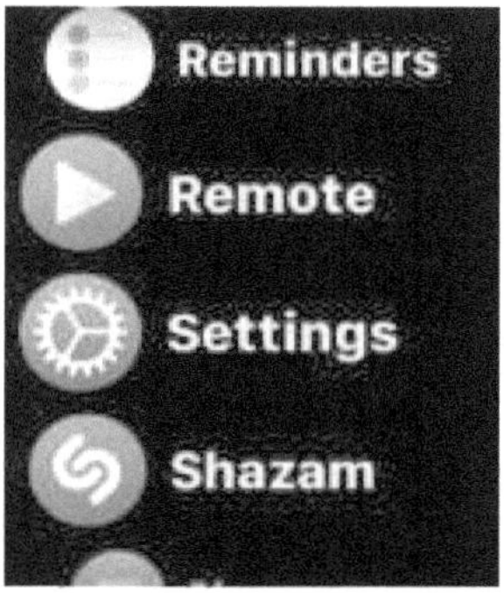

Verwijderen Apps

Als je de rasterweergave gebruikt, kun je een app op dezelfde manier uit het raster verwijderen als op het beginscherm van je iPhone of iPad: tik en houd vast. De apps die te verwijderen zijn, hebben kleine X'en in de rechterbovenhoek. Tik op die X'en om ze te verwijderen.

Het zal bevestigen dat je het echt wilt verwijderen voordat het het weghaalt. Het is niet voorgoed weg; het wordt gewoon opgeslagen in de cloud. Je kunt het later weer terugzetten.

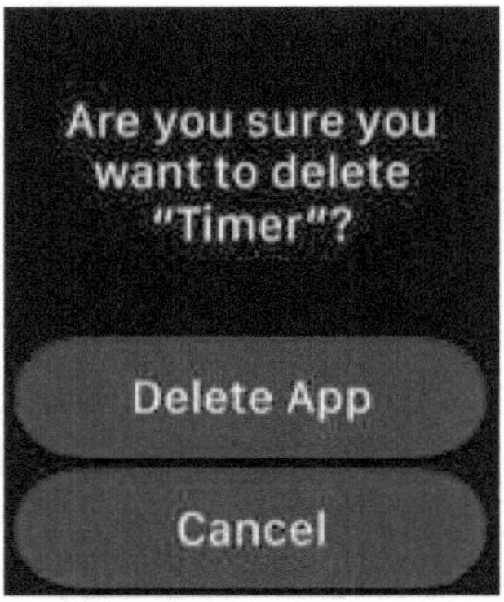

PICTOGRAMMEN RANGSCHIKKEN

Het rangschikken van pictogrammen op het horloge is ook vergelijkbaar met de iPhone en iPad. Om te beginnen ga je naar je beginscherm en raak je een app-pictogram aan en houd je het vast; je kunt het nu naar een nieuwe locatie slepen.

WISSELEN TUSSEN APP-VIEWS

Om over te schakelen van Rasterweergave naar Lijstweergave (of omgekeerd), ga je naar de Instellingen-app en scroll je naar Appweergave.

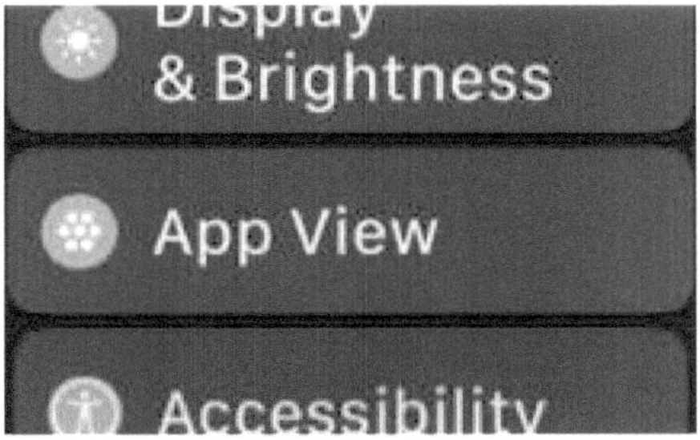

Selecteer in het volgende scherm de weergave die je wilt. Druk op de digitale kroon wanneer u uw keuze hebt gemaakt.

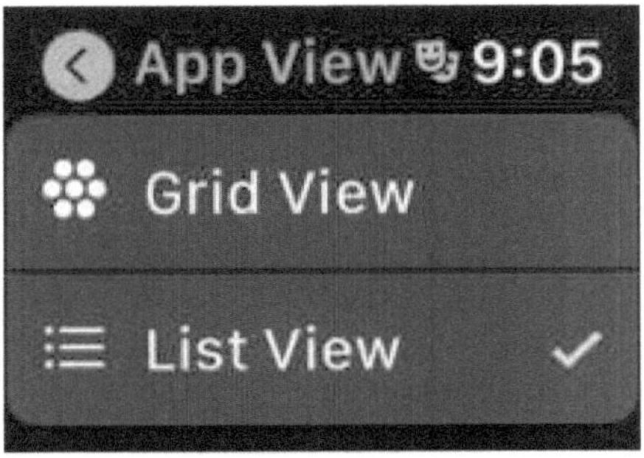

INSTALLEREN APPS OP HET HORLOGE

De dagen dat je je telefoon moest gebruiken om apps te vinden en te downloaden zijn met OS 7 voorbij. Het is waar dat je nog steeds de methode kunt gebruiken waarnaar in de bovenstaande sectie wordt verwezen, en misschien geef je er zelfs de voorkeur aan omdat het gemakkelijker is om te navigeren en te bladeren.

Om apps direct op je horloge te vinden en de oude methode over te slaan, open je de app Apps app op je horloge.

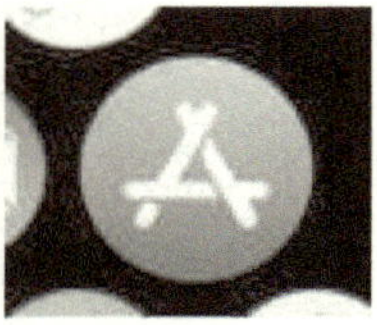

Dit toont een horlogeversie van de App Store; je kunt naar apps zoeken of de Digitale Kroon gebruiken gebruiken om de aanbevolen apps te bekijken.

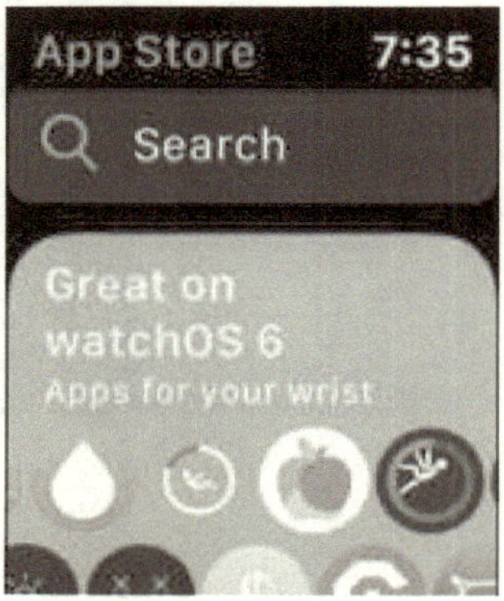

Als je een app ziet die je wilt, tik je erop en vervolgens op de knop Verkrijgen.

SOS

SOS Hiermee kan je horloge lokale hulpdiensten bellen om je locatie door te geven; dit is natuurlijk iets dat je alleen in een noodgeval gebruikt, het is niet iets om uit te proberen om te zien hoe het werkt! Om het in te schakelen, houd je de zijknop drie seconden ingedrukt en veeg je over SOS.

GELUID

Voor horloges uit de Series 4 en hoger verschijnt er een nieuwe app na het updaten naar OS 7: de app Noise app.

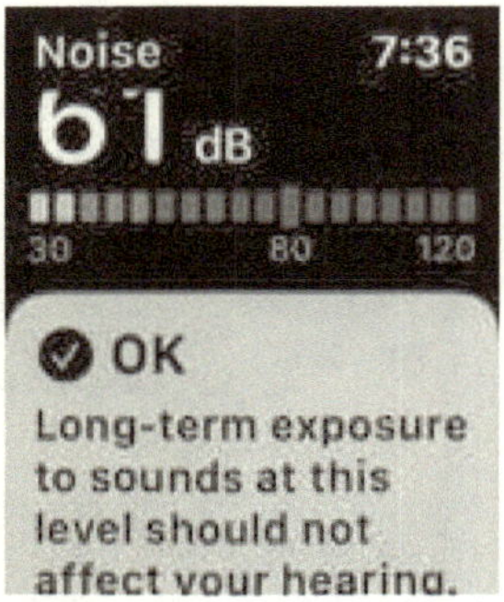

De app Noise app gebruikt de microfoon in je horloge om de geluidsniveaus in je omgeving te meten. Wanneer het geluidsniveau stijgt tot een niveau dat je gehoor kan beschadigen, kan de app je waarschuwen.

Om het in te schakelen, open je de app en selecteer je enable.

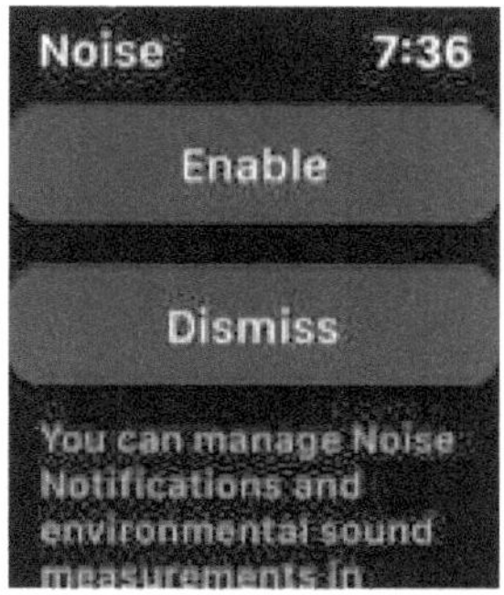

Zodra het is ingeschakeld, kun je het op elk moment openen om het geluidsniveau te meten. Je kunt ook instellen wanneer je meldingen over het geluidsniveau krijgt door naar Instellingen op je horloge te gaan, dan Geluidenen dan Meldingen.

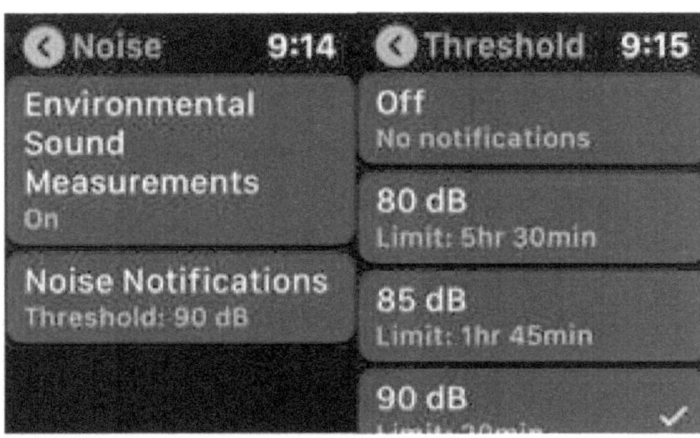

Als je naar iets te hard luistert, krijg je een melding dat herhaaldelijk lawaai op dit niveau je gehoor kan beschadigen.

Om een geschiedenis van geluiden te bekijken, open je de app Gezondheid app op je iPhone.

Tik in de app op het Browse-pictogram onderaan.

Selecteer in de lijst de optie voor Horen.

Je ziet nu een grafiek met de geschiedenis van de geluiden waaraan je bent blootgesteld.

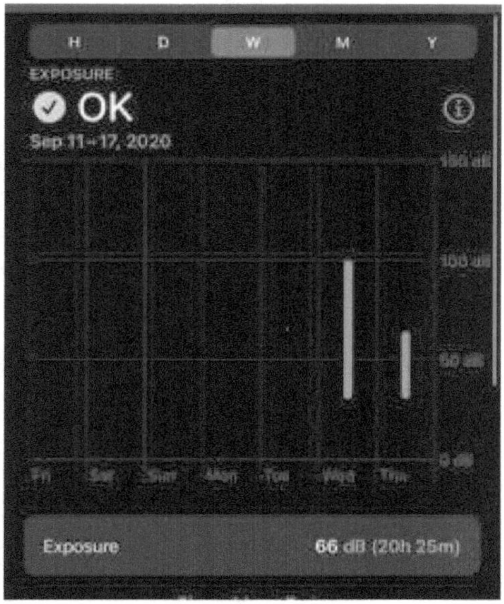

MINDFUL

Mindfulness zit al een tijdje op het horloge, maar tot 2021 heette het de app Breathe.

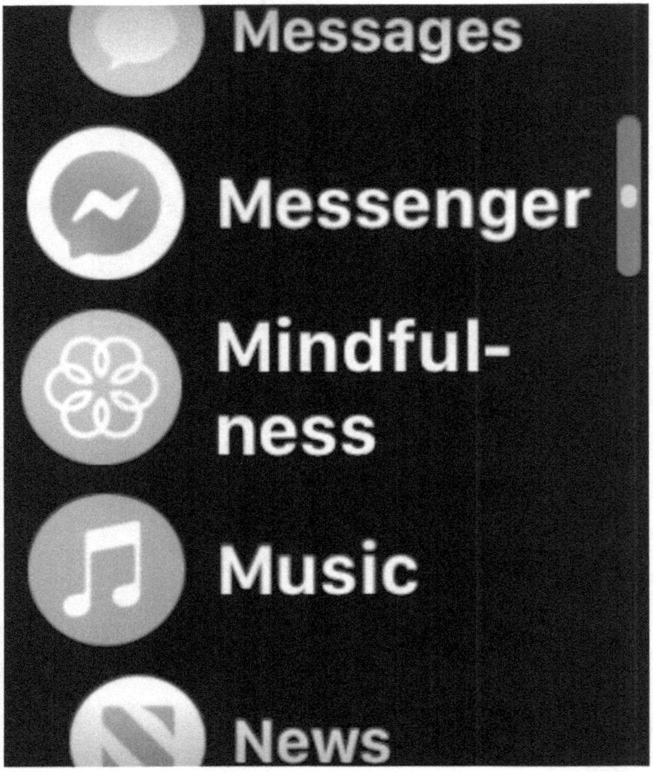

De Mindfulness app heeft drie modi:

- Fitness + - Hier kun je audiomeditaties beluisteren die afkomstig zijn van Fitness + instructeurs.

- Reflecteren - Deze modus helpt je te focussen en na te denken over wat belangrijk voor je is.

- Ademhalen - Een eenvoudige, maar krachtige ademhalingsoefening om je te helpen focussen en je beter te voelen.

Als je een van deze modi uitvoert, zorg er dan voor dat je Niet storen aan hebt staan, anders kun je merken dat de oefening wordt onderbroken; meldingen kunnen het programma laten stoppen.

Wanneer je de oefening wilt stoppen, veeg je naar rechts en tik je op Einde.

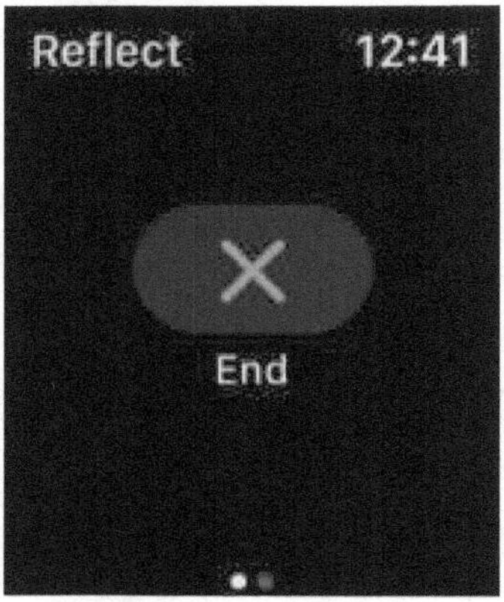

Voordat je op Reflecteren of Ademen tikt, zie je rechtsboven drie puntjes. Als je daarop tikt, kun je de duur veranderen. Je kunt de modus dus langer of korter laten duren. Eén minuut is het kortst en vijf minuten is het langst.

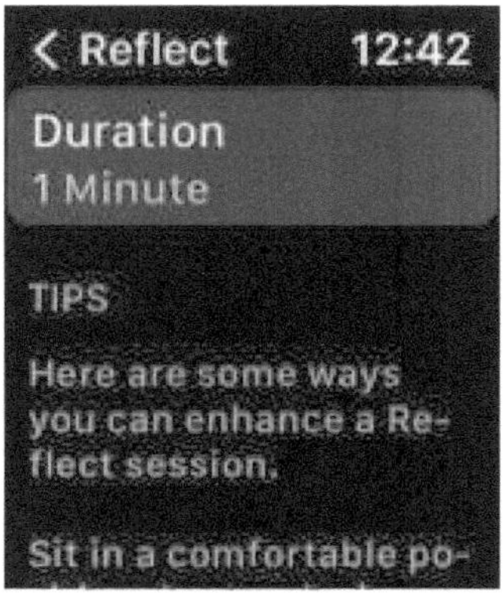

Tik gewoon op de huidige tijd en je kunt een nieuwe tijd selecteren.

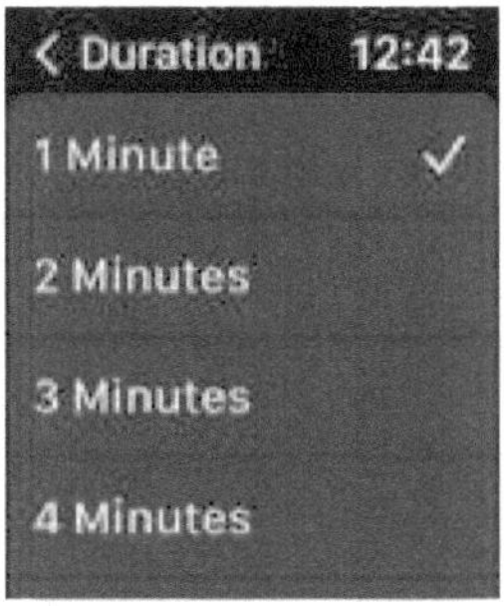

In de ademhalingsmodus vertelt hij je op het scherm wat je moet doen, maar hij stuurt ook trillingen naar je pols.

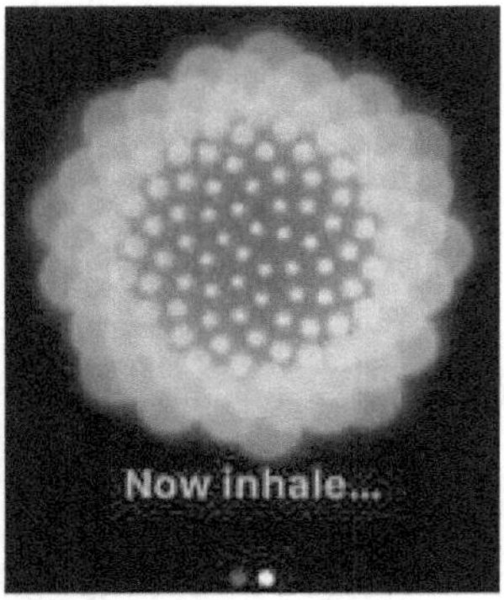

KOMPAS

Het kompas is een app die exclusief is voor Apple Watch Series 5 en hoger. Oudere horloges hebben deze app niet.

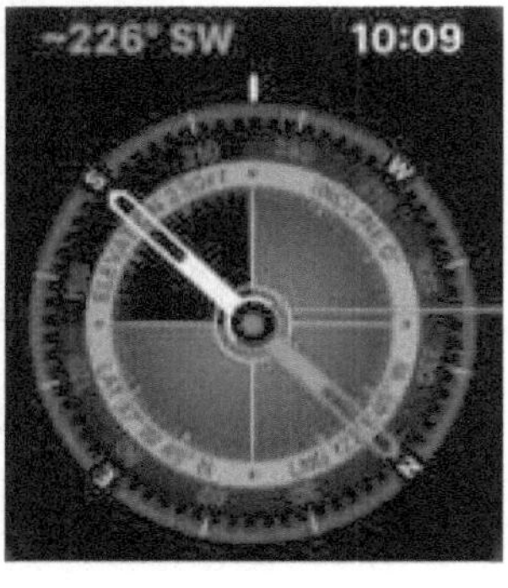

Het kompas is precies wat je zou verwachten: het geeft de richting aan waarin het horloge kijkt, samen met de huidige locatie en hoogte. Je kunt de digitale kroon gebruiken gebruiken om je helling en andere coördinaten te zien. Als je stevig op het display drukt, kun je je positie wijzigen.

Focus

Focus is op de Apple Watch... een beetje. Wat ik daarmee bedoel is dat er geen pictogram of app met de naam Focus is, maar als je een Focus aanmaakt op je iPhone, dan zie je die verschijnen op het horloge. Het synchroniseert allemaal naadloos.

Een focus instellen op je iPhone

Telefoons kunnen ons afleiden van dingen die we moeten doen. Ja, ze zijn geweldig om spelletjes te spelen op het toilet, maar je moet echt weer aan het werk. Om je te helpen, is er een Focusmodus. Je opent deze door naar beneden te vegen vanuit de rechterbovenhoek en vervolgens op de knop Focus te tikken.

Er zijn verschillende focusmodi, elk met verschillende instellingen. Sommige sturen je meldingen, maar bijvoorbeeld geen oproepen.

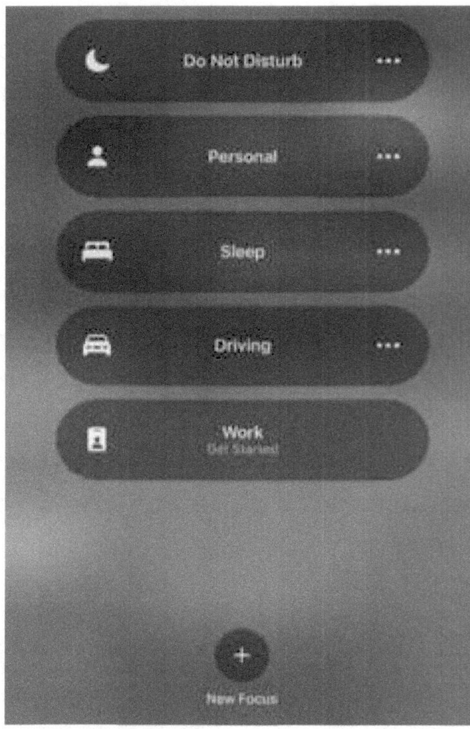

Als je op de drie puntjes in de hoek van de modus klikt, kun je selecteren hoe lang deze ingeschakeld blijft (als je dit niet doet, blijft deze ingeschakeld totdat je deze uitschakelt).

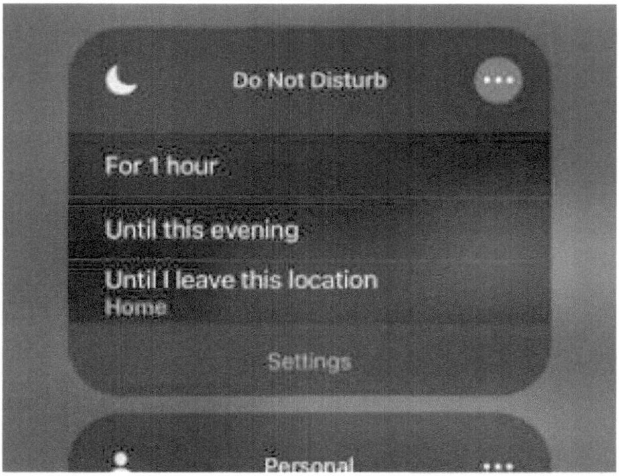

Je kunt ook een modus toevoegen. Er zijn voorgedefinieerde modi die je kunt toevoegen.

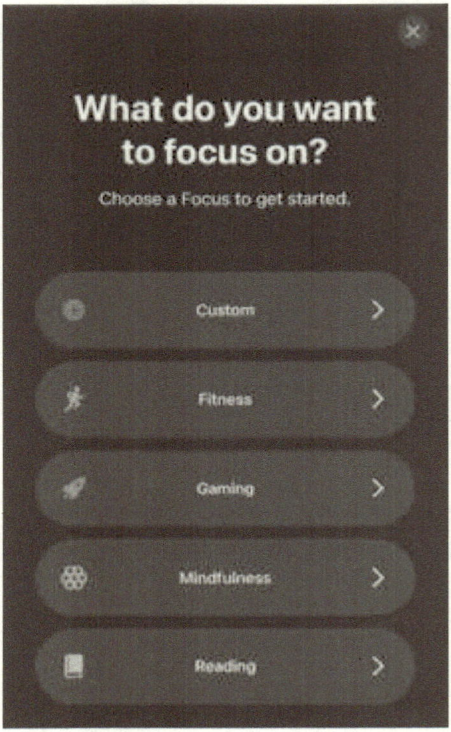

Als je op elke modus tikt, zie je wat de modus doet.

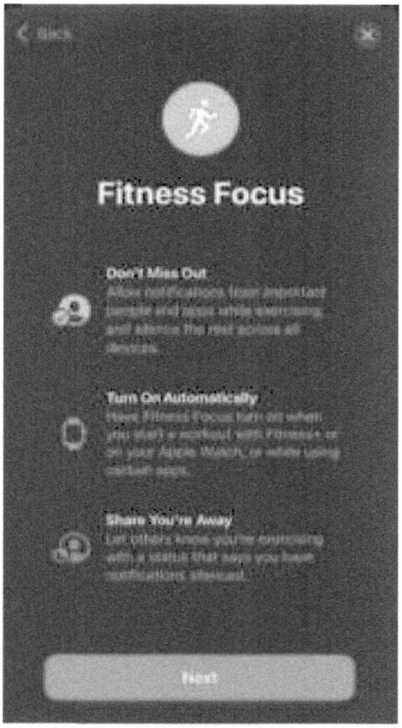

Je kunt ook je eigen aangepaste modus maken.

Door je eigen modus te maken, kun je de grenzen bepalen.

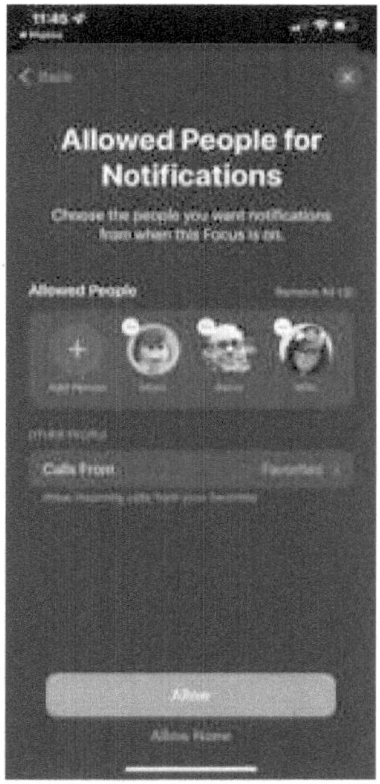

Je kunt ook de apps kiezen die meldingen mogen ontvangen. Je kunt dus zeggen dat je Tweets mag ontvangen, maar geen Facebook-berichten.

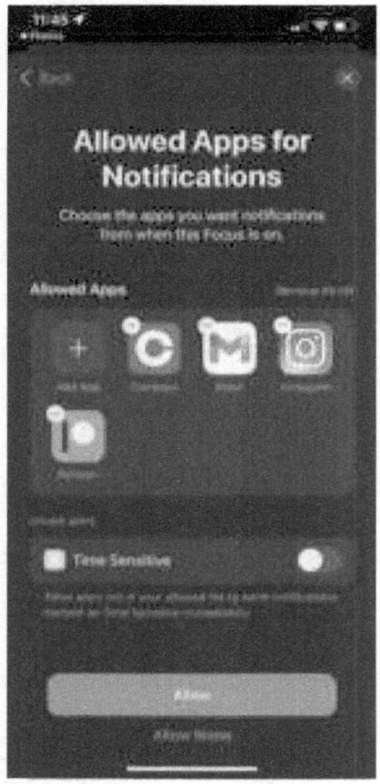

Klik op Klaar en het wordt toegevoegd.

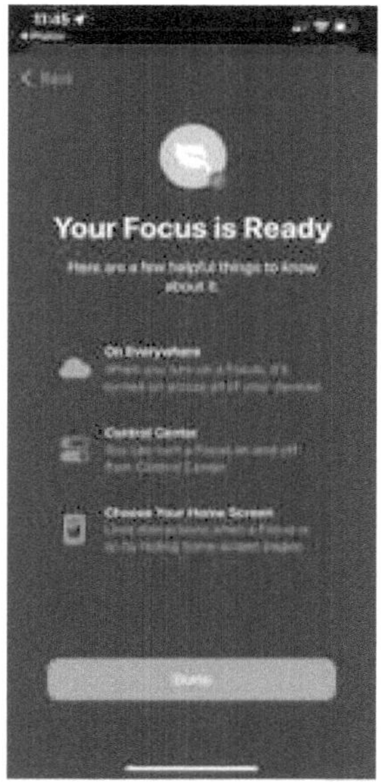

Altijd aan

Als mensen het hebben over de verschillen tussen de Series 5 en oudere modellen, noemen ze waarschijnlijk het always-on display. Bij oudere horloges gaat het display uit zodra je je pols neerlegt.

De meeste mensen met de Series 5 of hoger zullen het waarschijnlijk ingeschakeld willen houden; er kunnen echter instellingen zijn waarbij je het uitgeschakeld wilt hebben. Om het uit te schakelen, ga je naar de app Instellingen op het horloge, tik je op Weergave & helderheiden tik vervolgens op Altijd aan. Je kunt dit instellingenscherm ook gebruiken om gevoelige meldingen te verbergen, zoals agenda-evenementen en berichten.

[6]
LATEN WE GEZICHTEN TREKKEN

Dit hoofdstuk behandelt:

- Wat is een Apple Watch-oppervlak?
- Hoe verander je het gezicht van de Apple Watch?
- Hoe pas je verschillende Apple Watch-gezichten aan?
- Complicaties aan een wijzerplaat to-evoegen
- Horloge gezichten
- Hoe deel je een gezicht
- Vind meer gezichten
- Een gezicht verwijderen

Een van de dingen waardoor een Apple Watch echt opvalt, is hoe persoonlijk de wijzerplaat is. Toen de originele Apple Watch op de markt kwam, waren er nog geen dozijn wijzerplaten; vandaag de dag zijn dat er tientallen. Binnen elke wijzerplaat zijn er talloze manieren om ze aan te passen en er complicaties aan toe te voegen (een horlogecomplicatie is in feite een functie binnen de wijzerplaat - naast de tijd geeft de wijzerplaat je bijvoorbeeld ook het weer of de surfconditie).

In dit hoofdstuk bekijken we hoe je gezichten kunt wijzigen, gezichten kunt delen en wat de officiële gezichten zijn.

Laten we om te beginnen eens kijken hoe je een gezicht verandert. Het is eenvoudig: houd het gezicht ongeveer drie seconden ingedrukt.

Dit zal je gezicht een beetje terugtrekken en je de titel van het gezicht laten zien en je de optie geven om het te bewerken en te delen. We kijken later in dit hoofdstuk naar bewerken en delen. Veeg nu naar links en rechts om de verschillende gezichten te zien.

Het laat je nu nog niet alle gezichten zien. Je krijgt alleen de gezichten te zien die je al hebt gebruikt. Als de Apple Watch nieuw voor je is, zal het vrij karig zijn.

Als je alle gezichten wilt zien, veeg je naar links tot je bij de grote +-knop komt en tik je erop.

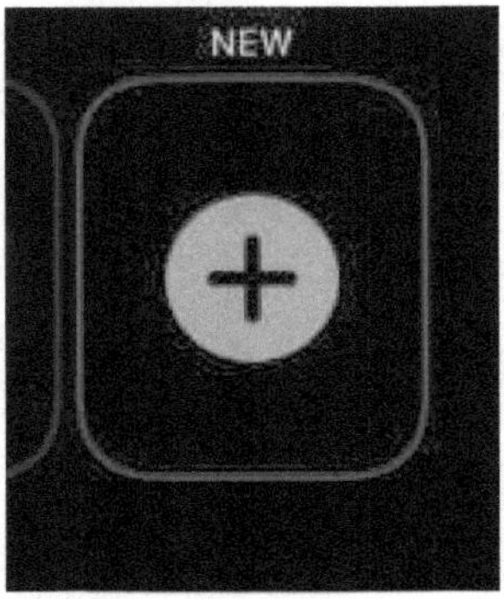

Hierdoor verschijnt een lange lijst met wijzerplaten; gebruik je vinger om omhoog en omlaag te slepen of gebruik de digitale kroon op je horloge.

Kijk gezichtens en wat ze doen

Elke wijzerplaat heeft verschillende details die kunnen worden toegevoegd of verwijderd. Hieronder staat een lijst met de huidige wijzerplaten en wat je eraan kunt toevoegen. Wijzerplaten met statuspictogrammen kunnen worden aangeraakt om de bijbehorende app te laden. (Opmerking: niet al deze wijzerplaten staan op eerdere horlogemodellen; bovendien zijn sommige alleen beschikbaar voor horlogemodellen met mobiele telefoon).

Activiteit Analoog / Activiteit Digitaal

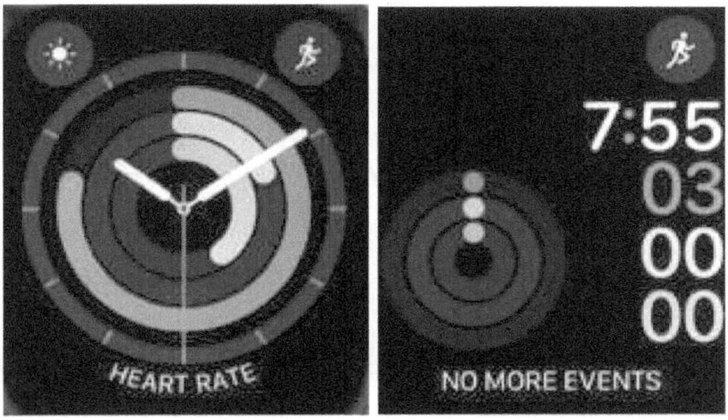

Dit is het gezicht om te gebruiken tijdens het sporten. Het meet je vooruitgang maar heeft een overlay van een klok om je ook de tijd te geven. Er zijn twee versies: analoog zonder cijfers en digitaal met cijfers.

Kunstenaar

Dit gezicht is een samenwerking tussen Apple en kunstenaar Geoff McFetridge. McFetridge is een in Canada geboren kunstenaar die momenteel woont in Los Angeles, Californië. Hij staat bekend om zijn felle kleuren en simplistische ontwerpen. Hij heeft gewerkt voor merken als Nike en Patagonia en maakte ook de titelsequenties voor de films "The Virgin Suicides" en "Adaptation".

STREPEN

Dit gezicht bevat verschillende gestreepte patronen. Het idee is om deze gekleurde patronen te gebruiken om sportteams of vlagkleuren te creëren.

Ik zal het aanpassen van gezichten hieronder behandelen, maar in het kort is dit een van de moeilijkere gezichten om aan te passen vanwege het aantal opties.

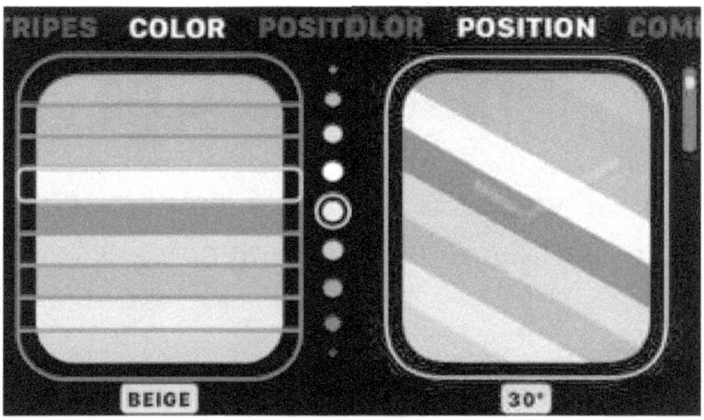

Wanneer je het gezicht bewerkt, kun je een unieke kleur selecteren voor elke lijn en de positie wijzigen, zodat het horizontaal, verticaal of onder een hoek kan verschijnen.

ADEM

Laat de yogi in je los. Deze simplistische wijzerplaat heeft maar één doel: je aanmoedigen om te ademen.

CALIFORNIË

Californië verandert je wijzerplaat in een meer traditionele wijzerplaat. Er zijn hier veel aanpassingen; je kunt bijvoorbeeld van volledig scherm naar een ronde wijzerplaat gaan door naar aanpassingen te gaan en dan je Digital Crown te draaien in het menu Volledig scherm.

MEMOJI

Brengt geanimeerde Memojinaar de wijzerplaat van het horloge.

MICKEY MOUSE

Met Mickey Mouse (en nu ook Minnie Mouse) is dit zeker de meest grillige en geanimeerde horloge-ervaring. Tik op hem en hij spreekt de tijd uit, mits het geluid aan staat. Het volgende kan aan de wijzerplaat worden toegevoegd: datum, kalender, maanfase, zonsopgang/zonsondergang, weer, activiteitenoverzicht, alarm, timer, stopwatch, batterijlading, wereldklok en voorraden.

Speelgoedverhaal

Het Mickey-gezicht wordt niet overtroffen door het Toy Story-gezicht. Tik op het scherm voor een andere animatie.

Verloop

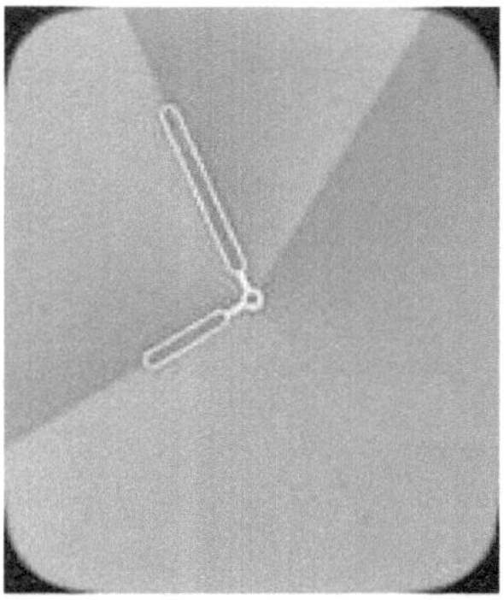

Verloop is een heel eenvoudig gezicht dat lichtjes verandert naarmate de tijd verstrijkt.

MERIDIAN

Een klassieke look met vier subdials.

MODULAIR / MODULAIR COMPACT

Een zeer modern ogende wijzerplaat met veel ruimte om dingen toe te voegen. De kleur kan worden aangepast en de volgende functies kunnen worden toegevoegd: kalender, maanfase, zonsopgang/ondergang, weer, aandelen, activiteitenoverzicht, alarm, timer, stopwatch, batterijlading, wereldklok. Er zijn twee versies van deze wijzerplaat: Modulair en Modulair Compact.

BEWEGING

Dit is een van de weinige Apple Watch gezichten die volledig geanimeerd is. Je kunt kiezen uit een vlinder, bloem en kwal. Het volgende kan aan de wijzerplaat worden toegevoegd: datum.

Cijfers / Cijfers Duo / Cijfers Mono

Numerals heeft drie unieke ontwerpen (normaal, Duo en Mono) met verschillende aanpassingen. Het basisontwerp toont de tijd vet en gemakkelijk te lezen.

Tellen

Als je op de rand van deze app tikt, kun je snel beginnen met het bijhouden van de verstreken tijd.

EENVOUDIG

Zoals de naam al zegt, is dit de eenvoudigste klassieke wijzerplaat. Op de wijzerplaat kan het volgende worden aangepast: de kleur van de sweep hand en de nummering van de wijzerplaat. Het volgende kan worden toegevoegd: datum, kalender, maanfase, zonsopgang / zonsondergang, weer, activiteitenoverzicht, alarm, timer, stopwatch, batterijlading en wereldklok.

ZONNE / ZONNEGRAFIEK

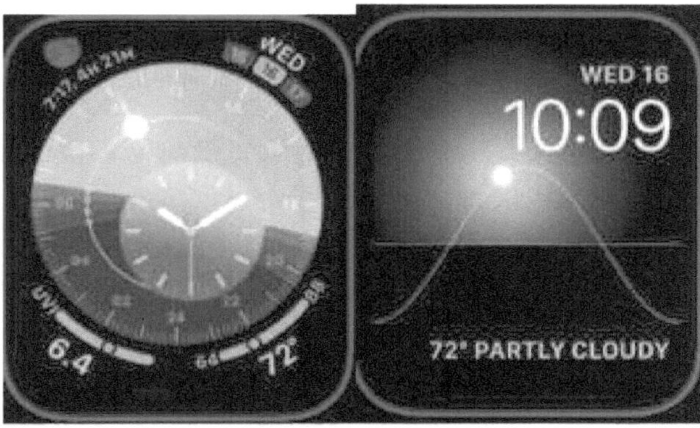

Haal je innerlijke wetenschapper naar boven met dit gezicht, dat de positie van de zon aan de hemel weergeeft.

UTILITY

Een zeer eenvoudige en klassiek ogende wijzerplaat; de volgende functies kunnen worden gewijzigd: de kleur van de secondewijzer en de nummering op de wijzerplaat. Het volgende kan aan de wijzerplaat worden toegevoegd: datum, kalender, maanfase, zonsopgang / zonsondergang, weer, activiteitenoverzicht, alarm, timer, stopwatch, batterijlading, wereldklok en voorraden.

GMT

Het idee van deze wijzerplaat is om meerdere tijdzones tegelijk weer te geven. Op de binnenste wijzerplaat wordt een 12-uurs tijd weergegeven (met de tijd waar je je bevindt); op de buitenste wijzerplaat wordt een 24-uurs tijd weergegeven.

X-GROOT

X-Large is het meest simplistische moderne gezicht en ziet er ook het meest gedurfd uit. Het volgende kan worden aangepast: kleur.

VERKENNER

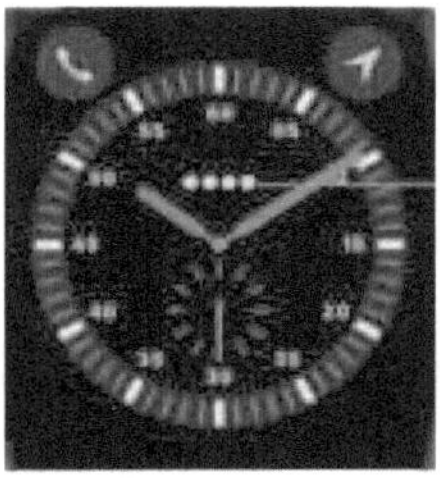

Deze wijzerplaat is exclusief voor mobiele telefoons. Het doel van de wijzerplaat is om de sterkte van het mobiele signaal weer te geven.

BRAND EN WATER / DAMP

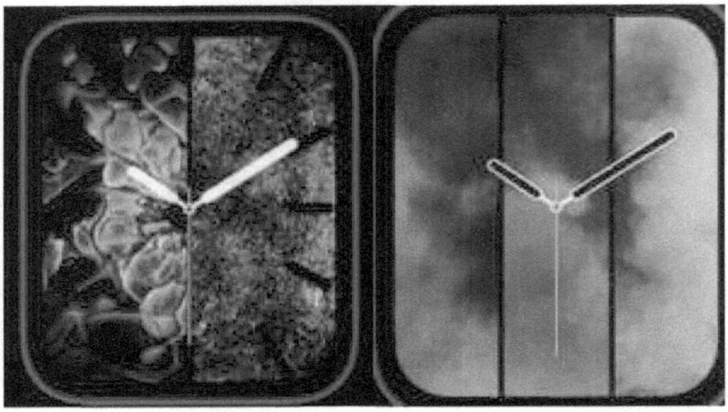

Animeert met rook wanneer je hem optilt.

TYPOGRAFIE

Toont drie stijlen (aangepast, modern en afgerond) samen met vier verschillende scripts (Arabisch, Arabisch Indicatief, Devanagari en Romeins).

INFOGRAFIEK / MODULAIRE INFOGRAFIEK

Dit was een exclusief Apple Watch Series 4-gezicht; het geeft je een schat aan informatie om je pols: tijd in een andere stad, UVI-index, weer, enz.

Als je je horloge hebt geüpdatet of een nieuw horloge hebt, ben je misschien een beetje verbaasd dat het nu een B&W wijzerplaat heeft. Maak je geen zorgen! Kleur is er nog steeds en het is een snelle oplossing: houd ingedrukt, selecteer aanpassen, gebruik je digitale kroon om naar Veelkleur te scrollen en druk dan tweemaal op je digitale kroon.

CALEIDOSCOOP

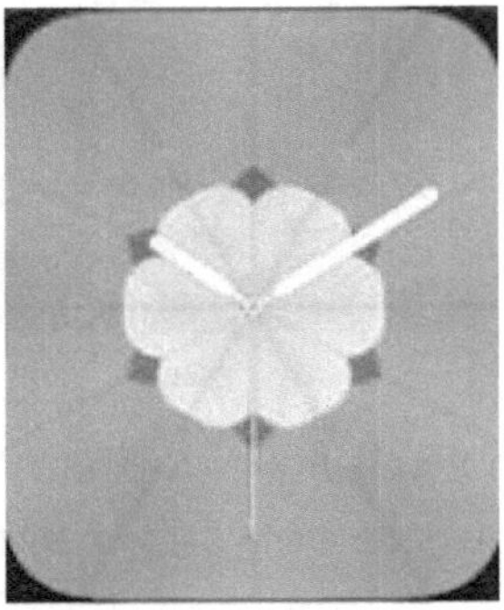

Het gezicht verandert van patroon op basis van je voorkeuren.

VLOEIBAAR METAAL

Animeert met smeltend metaal wanneer je je pols optilt.

TROTS / ANALOOG TROTS

Het vieren van de kleuren van Pride is al lang een gezicht op de Apple Watch; vanaf OS 6 en verder in OS 7 is er een nieuw analoog gezicht opgenomen.

ASTRONOMIE

Ruimtefanaten zullen blij zijn met dit gezicht! Je kunt het gezicht zo instellen dat het de maan, de aarde of het zonnestelsel laat zien.

Deze wijzerplaat laat je de exacte positie van verschillende planeten zien en geeft de dag, datum en tijd weer.

Maan

Lunar toont de maankalenders die worden gebruikt in Chinese, Islamitische, Hebreeuwse en andere culturen.

Speeltijd

Playtime creëert een geanimeerde, speelse kijk op de cijfers op de wijzerplaat. Je kunt de digitale kroon draaien en veranderingen in de achtergrond en vallende confetti zien - de karakters reageren ook als je erop tikt.

Metropolitan

Zin in klassiek? Probeer dan de Metropolitan face. Als je de digitale kroon draait, verandert zelfs de stijl.

CHRONOGRAAF (PRO)

Een zeer nauwkeurige en klassieke wijzerplaat met een stopwatch die kan worden geactiveerd vanaf de wijzerplaat. Het volgende kan worden aangepast: wijzerplaatdetails en wijzerplaatkleur. Je kunt ook het volgende aan de wijzerplaat toevoegen: datum, maanfase, zonsopgang / zonsondergang, kalender, weer, aandelen, activiteitenoverzicht, alarm, timer, batterijlading en wereldklok.

KLEUR

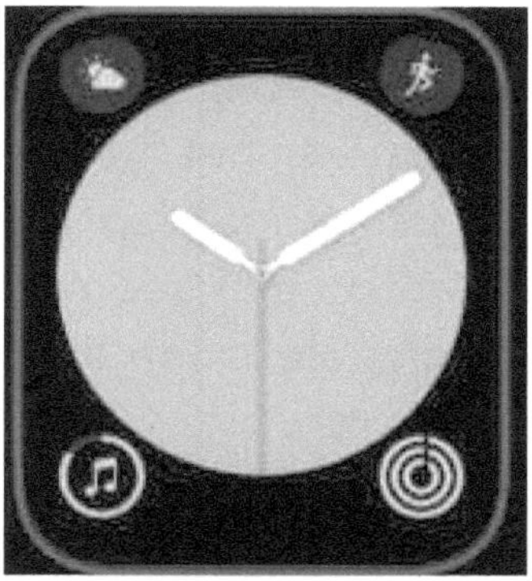

Een zeer eenvoudige wijzerplaat waarvan de primaire functie het veranderen van kleuren is. Het volgende kan worden aangepast: de kleur van de wijzerplaat. Het volgende kan worden toegevoegd aan de wijzerplaat: datum, maanfase, zonsopgang / zonsondergang, weer, activiteitenoverzicht, stopwatch, timer, batterijlading, wereldklok en je monogram.

SIRI

De Siri gezicht ziet er niet uit zoals je zou verwachten; je denkt Siri en je zou kunnen denken aan die golfjes die verschijnen als je "Hey Siri" zegt; de wijzerplaat van het horloge werpt een blik op je dag (zoals je agenda-afspraken, verkeer en weer) en geeft het op een georganiseerde manier weer; je kunt je digitale kroon draaien om meer gebeurtenissen te zien.

Snoopy

Raad eens? De tophond van de wereld, Snoopy, komt op de Apple Watch! Op deze wijzerplaat draait alles om Snoopy en zijn vriend Woodstock. Je ziet hoe ze zich uitleven op je horloge! Bovendien is er de coole instelling "Sunday Surprise" - als je deze aanzet, verandert de achtergrond elke zondag van kleur, als verwijzing naar de zondagse stripverhalen. Hoe leuk is dat?

Palet

Maak kennis met Palette! Deze wijzerplaat brengt kleuren tot leven, met dynamische tinten die verschillende elementen verlichten en kleurverlopen die ronddansen als de secondewijzer beweegt. Stel je dit voor: een analoge klok in het midden, met daaromheen vier handige functies - Workout, Geparkeerde auto waypoint, Timer en Muziek. En raad eens? Je kunt spelen met de kleur! Bovendien zit hij boordevol handige complicaties zoals Activiteit, Alarm, Weer en zelfs Walkie-Talkie! Je hebt dus heel veel opties om het je eigen te maken! Gaaf, toch?

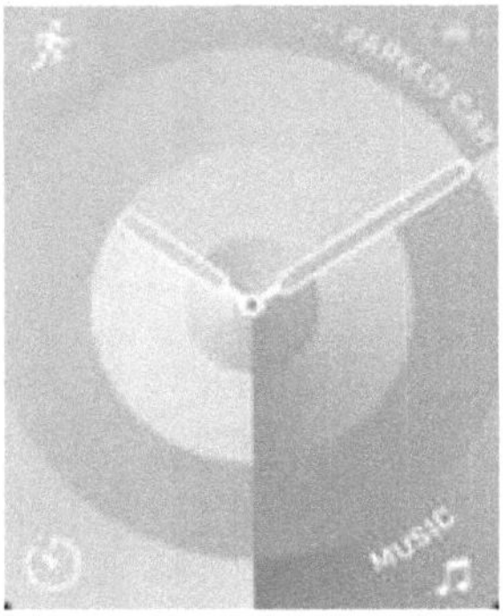

Analoog zonne-energie

Kijk eens naar Solar Analog! Deze wijzerplaat is als een stukje van de dag op je pols, met licht en schaduwen die bewegen op basis van waar de zon staat. Bovenaan staat de datum en daaronder kun je je berichten bekijken. Zin in een beetje maatwerk? Speel met de kleur, stijl en het licht om het aan te passen aan jouw sfeer! En hier is de kicker, het zit vol met een heleboel handige functies - van activiteit en alarmen tot weer en training, en ja, zelfs een Walkie-Talkie! Het is alsof je een mini-dagplanner om je pols hebt!

Nike wereldbol

Maak kennis met Nike Globe! Deze wijzerplaat geeft een coole retro sci-fi sfeer en geeft je tot vier complicaties. Stel je voor dat je in het midden een digitale klok hebt en daaromheen Workout, Parked Car Waypoint, Timer en Muziek! Wil je de dingen door elkaar gooien? Ga je gang en speel met de kleuren! En het gaat niet alleen om het uiterlijk - de Nike Globe zit vol met allerlei functies! Of je nu wilt hardlopen met Nike Run Club, je gezondheid wilt bijhouden of gewoon je geparkeerde auto wilt terugvinden, met deze wijzerplaat zit je goed! Het is net een klein commandocentrum om je pols!

Modulair Ultra

(Alleen beschikbaar op de Apple Watch Ultra-apparaten)

Maak kennis met de Modular Ultra! Stel je voor dat je een wijzerplaat hebt met zeven complicaties en zes coole tijdsindelingen. Met een grote complicatie in het midden is het een fluitje van een cent om een blik te werpen op belangrijke gegevens zoals je kompasrichting of een lopende stopwatch. Zin in meer? Je hebt realtime diepte- of hoogtegegevens en seconden die rond de randen tikken. Vergeet niet de handige nachtversie die overschakelt naar rood licht, zodat je nachtzicht intact blijft! Je ziet hoogte-informatie aan beide zijden, handige complicaties zoals muziek en kompas bovenaan, een digitale klok iets lager en extra's zoals maanfase en wereldtijd onderaan, met de huidige hoogte helemaal aan het einde. Zin in een verandering? Tweak de kleur, stijl en nachtmodus naar hartenlust! Deze wijzerplaat is net een minidashboard om je pols, met alles van het bijhouden van je gezondheid tot snelkoppelingen en weerberichten.

ZONNEKNOP

Deze wijzerplaat heeft een 24-uurs wijzerplaat die de zon volgt; de wijzerplaat (analoog of digitaal) beweegt tegen het pad van de zon in.

TIJDSVERLOOP

Bevat time-lapse video's die in de loop van de tijd veranderen van ochtend, middag en nacht (je kunt ook je Digital Crown gebruiken om de video te verplaatsen); je kunt kiezen tussen een natuurlijk landschap of een stadsgezicht. gebruiken om te bewegen); je kunt kiezen tussen natuurlijke landschappen en stadsgezichten. Op dit moment zijn de landschappen Mack Lake, New York, Hong Kong, Londen, Parijs en Shanghai.

WERELDTIJD

Wil je het stijlvol houden? Dan is de World Time Face misschien iets voor jou. Hiermee kun je de tijd in alle 24 tijdzones tegelijk bijhouden. Klinkt een beetje druk, toch? Misschien, maar ze hebben een manier gevonden om het te laten werken en er ook nog eens prachtig uit te zien.

FOTO'S

De beste wijzerplaat voor het laatst volgens velen: foto's. Met Foto's kun je een diavoorstelling van foto's en de tijd laten zien. Dus elke keer als je je pols optilt, staat er iets nieuws op je te wachten. Live foto's hebben zelfs animaties!

Om deze wijzerplaat toe te voegen, veeg je helemaal naar links over alle wijzerplaten en tik je op Nieuw.

Scroll nu naar beneden naar Foto's en tik er één keer op.

Als je slechts één bepaalde foto wilt laten zien, open dan de Foto's app op je horloge.

Scroll naar de gewenste foto. In de foto hieronder zie je rechtsonder een pictogram van een cirkel met stippen - dit geeft aan dat de foto een livefoto is en als Apple Watch-gezicht zal worden geanimeerd.

Zodra het op het scherm staat, druk je er stevig op. Er verschijnt een optie om er de wijzerplaat van te maken.

Je kunt er een normale wijzerplaat of een abstracte wijzerplaat (caleidoscoop) van maken.

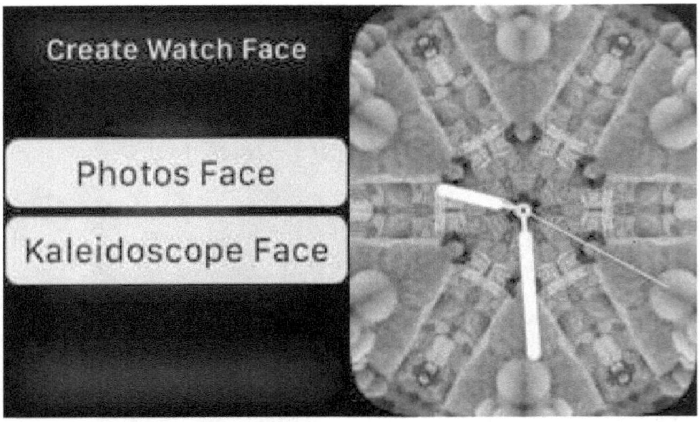

Als je een wijzerplaat wilt verwijderen, ga je gewoon naar de wijzerplaat wijzigen zoals je normaal zou doen en veeg je omhoog.

PORTRET WIJZERPLAAT

Portret is een van de beste stijlen van fotografie op de iPhone, en je kunt het ook op het horloge zetten. Wat echt intuïtief is aan deze wijzerplaat is dat het niet alleen de foto is, maar een dynamische versie van de foto. Draai aan de digitale kroon en zie hoe de lagen van de foto echt tevoorschijn komen.

Aan de slag gaan is iets anders dan bij de meeste Watch Faces, omdat je het niet precies op je horloge doet. Als je naar de Face gaat, krijg je een voorbeeld te zien, maar er staat dat je naar de telefoon moet gaan om het te doen.

Open je iPhone, ga naar de Watch App en vervolgens naar Gezichtsgalerie. Selecteer Portretten en je ziet weer dat je het niet kunt toevoegen. Deze keer staat er dat je foto's moet toevoegen. Tik op om foto's te kiezen en begin dan met het selecteren van de portretfoto's die je op je Face wilt hebben.

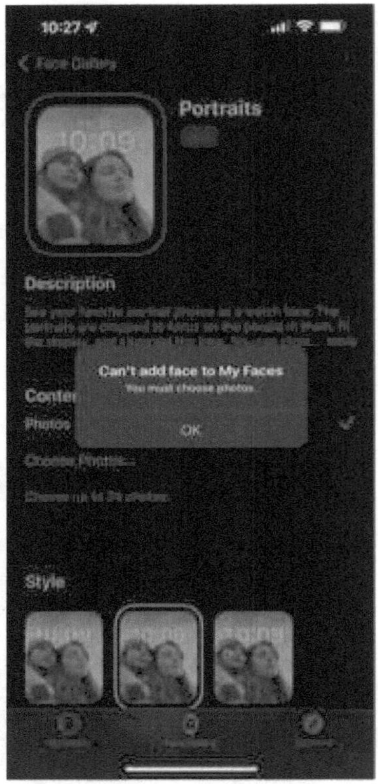

Je kunt het stylen zoals je wilt. Als je klaar bent, tik je op de knop Toevoegen.

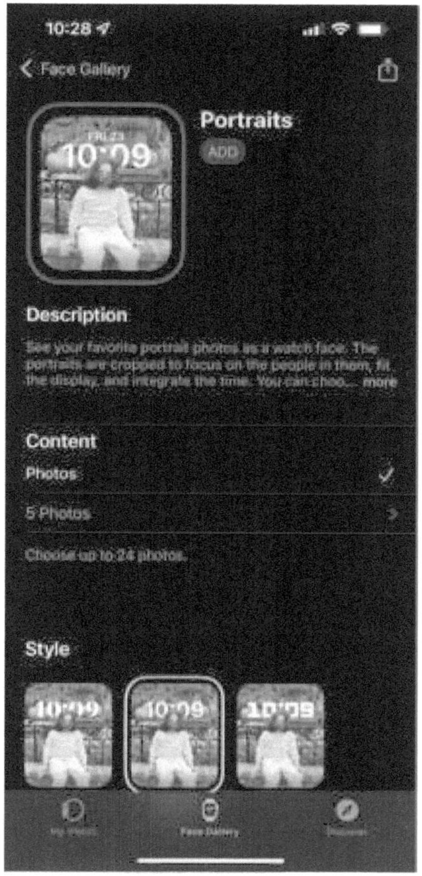

Je kunt nu naar je horloge gaan en het bekijken en bewerken.

Een wijzerplaat bewerken

Elke wijzerplaat heeft andere aanpassingen; sommige hebben heel weinig dat je kunt veranderen en sommige hebben tientallen dingen.

Om wijzigingen aan een gezicht aan te brengen, tik je op het gezicht, houd je het drie seconden vast en selecteer je Bewerken.

Als voorbeeld laat ik een Memoji omdat je hier veel bewerkingen kunt doen. Zie je aan de rechterkant een kleine scroll? Je kunt het Memoji-personage omhoog of omlaag slepen.

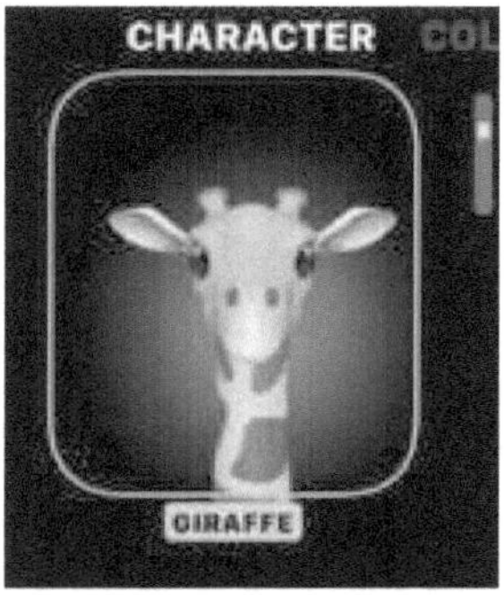

Als je het teken hebt gevonden dat je wilt, kun je een keer naar rechts slepen om in het Kleuren-menu te komen. Je kunt nu aan de rechterkant een achtergrondkleur selecteren.

Veeg nogmaals naar rechts en je ziet de beschikbare complicaties. Niet alle complicaties zijn beschikbaar op dit scherm.

Als ik tevreden ben met mijn wijzigingen, kan ik op de Digital Crown drukken om ze op te slaan.

Een wijzerplaat delen

Als je enkele minuten hebt besteed aan het maken van een wijzerplaat, dan ben je waarschijnlijk best trots, toch?! Waarom zou je het niet delen?

Om te delen, druk je drie seconden op het gezicht om het optiemenu te openen en tik je vervolgens op de deelknop links van de bewerkingsknop.

Zodra je op Delen tikt, verschijnt er een Bericht; tik op Contact toevoegen om te selecteren met wie je het deelt. Onder Bericht maken kun je een bericht schrijven of het leeg laten.

Als je tevreden bent, scroll je naar beneden en tik je op Verzenden.

Een wijzerplaat vinden

Als je een nieuw gezicht wilt toevoegen dat niet in de lijst met gezichten staat, heb je twee opties.

Als je de naam van het gezicht weet, ga dan naar de App Store op je horloge en zoek je ernaar.

De tweede optie is om naar de website te gaan waar het gezicht staat en op toevoegen aan horloge te tikken

verwijderen Een wijzerplaat verwijderen

Als je eenmaal begint met het toevoegen van gezichten, zul je merken dat je er te veel hebt en dat het te lang duurt om tussen de gezichten te wisselen.

Je kunt een wijzerplaat snel verwijderen door de wijzerplaat vast te houden, naar de wijzerplaat te vegen die je wilt verwijderen en vervolgens omhoog te vegen. Er verschijnt een bevestiging dat de wijzerplaat moet worden verwijderd. Tik op verwijderen en het is weg.

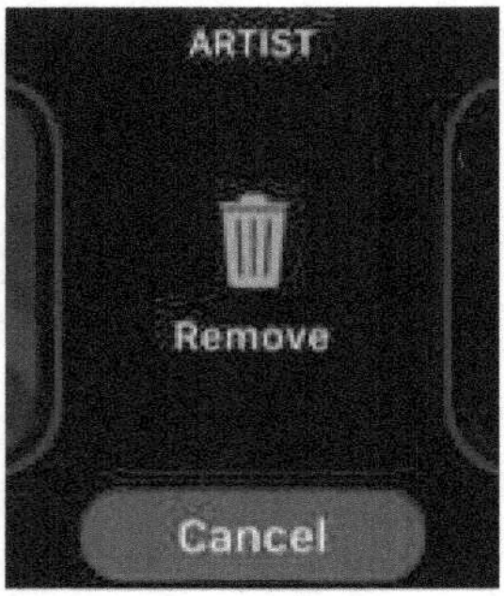

Wijzigingen aanbrengen op je iPhone

We hebben gezien hoe je een wijzerplaat op de Apple Watch kunt veranderen; het is vrij eenvoudig. Maar het is ook vrij klein. Als je het moeilijk vindt, is er nog een tweede optie: gebruik je iPhone.

Als je de Apple Watch-app opent, zie je bovenaan al je wijzerplaten. Je kunt naar links en rechts vegen, net als op je horloge.

Als je de wijzerplaat wilt bewerken, hoef je er maar één keer op te tikken. Alle wijzigingen die je op je horloge kunt maken, staan hier, maar ze zijn iets makkelijker te zien omdat er meer schermruimte is.

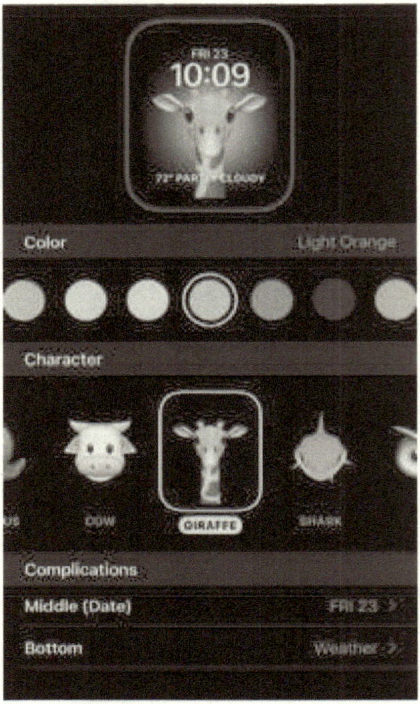

Zodra je je wijzigingen hebt aangebracht, scrol je naar beneden en tik je op Instellen als huidige wijzerplaat (ervan uitgaande dat dit niet al de wijzerplaat is); alle wijzigingen worden automatisch gesynchroniseerd.

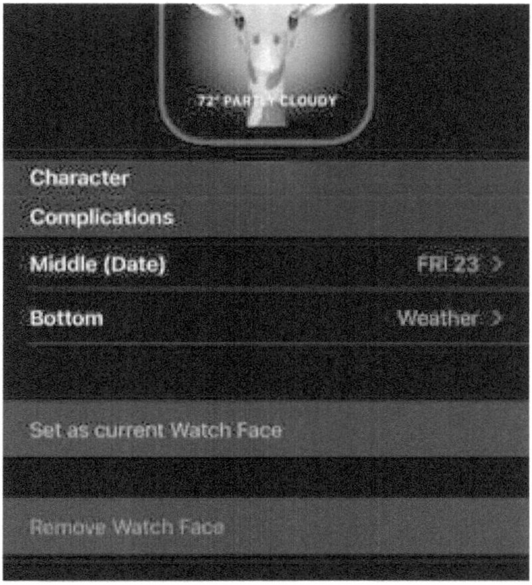

Je kunt je wijzerplaat zelfs rechtstreeks vanaf je telefoon delen. Tik gewoon op de wijzerplaat die je wilt delen en tik op de deelknop in de rechterbovenhoek.

Er verschijnt dan een menu waarin je wordt gevraagd hoe je het wilt delen - je kunt het e-mailen, naar Slack sturen, een sms sturen, enzovoort.

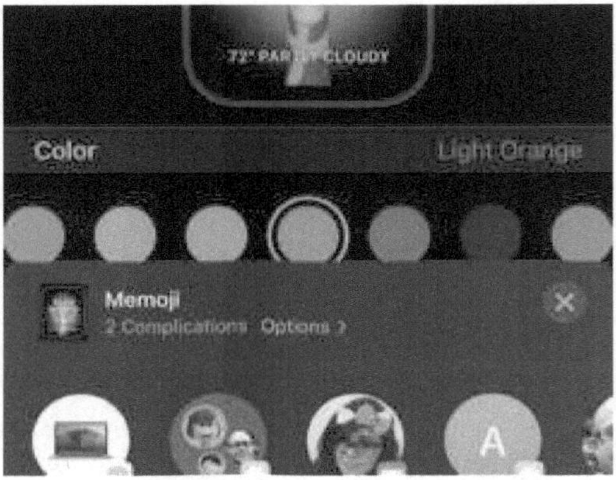
Color
Light Orange
Memoji
2 Complications Options
A

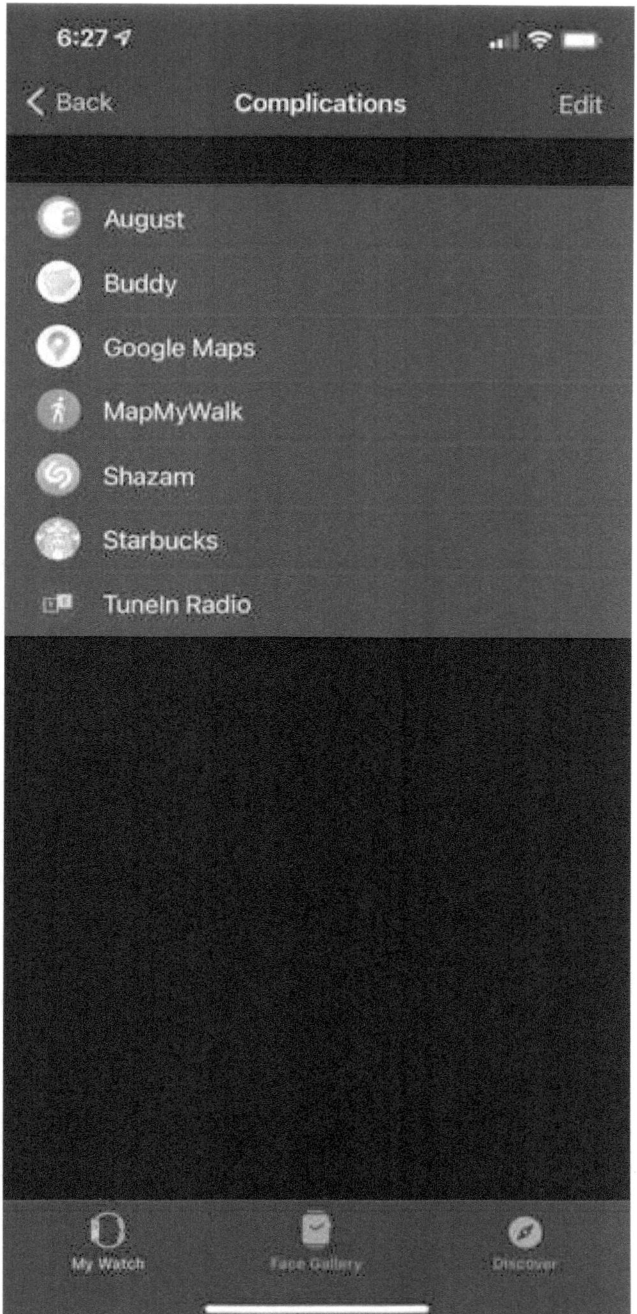
6:27
Back
Complications
Edit
August
Buddy
Google Maps
MapMyWalk
Shazam
Starbucks
TuneIn Radio
My Watch
Face Gallery
Discover

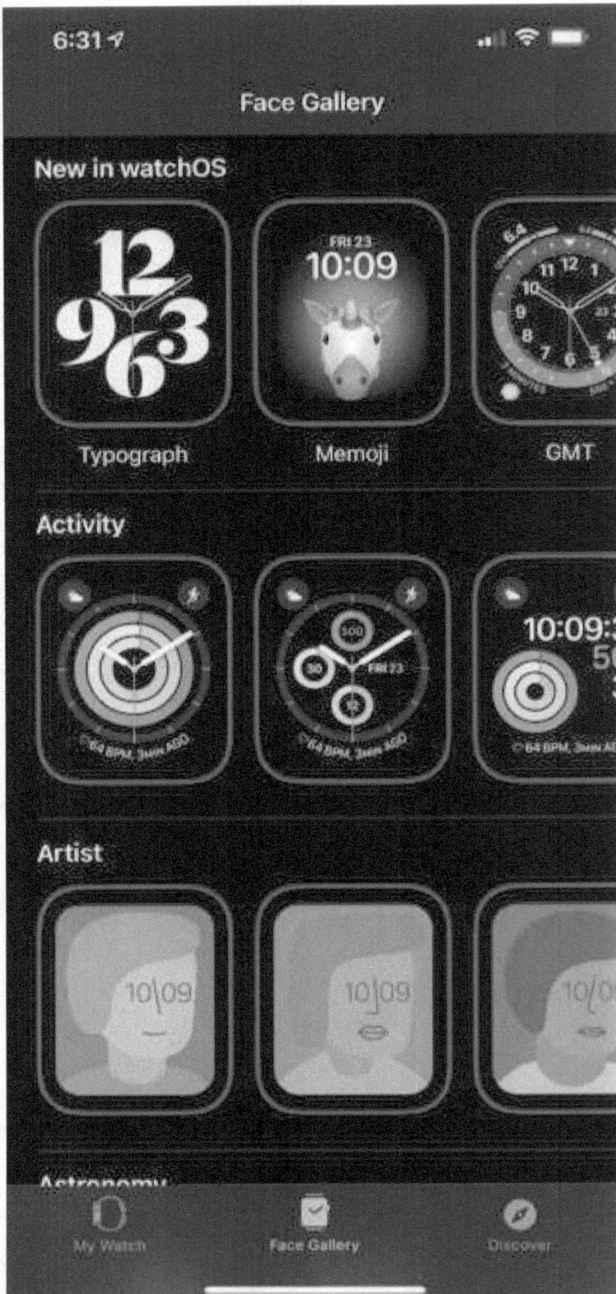
6:31
Face Gallery
New in watchOS
Typograph
Memoji
GMT
Activity
Artist
My Watch
Face Gallery
Discover

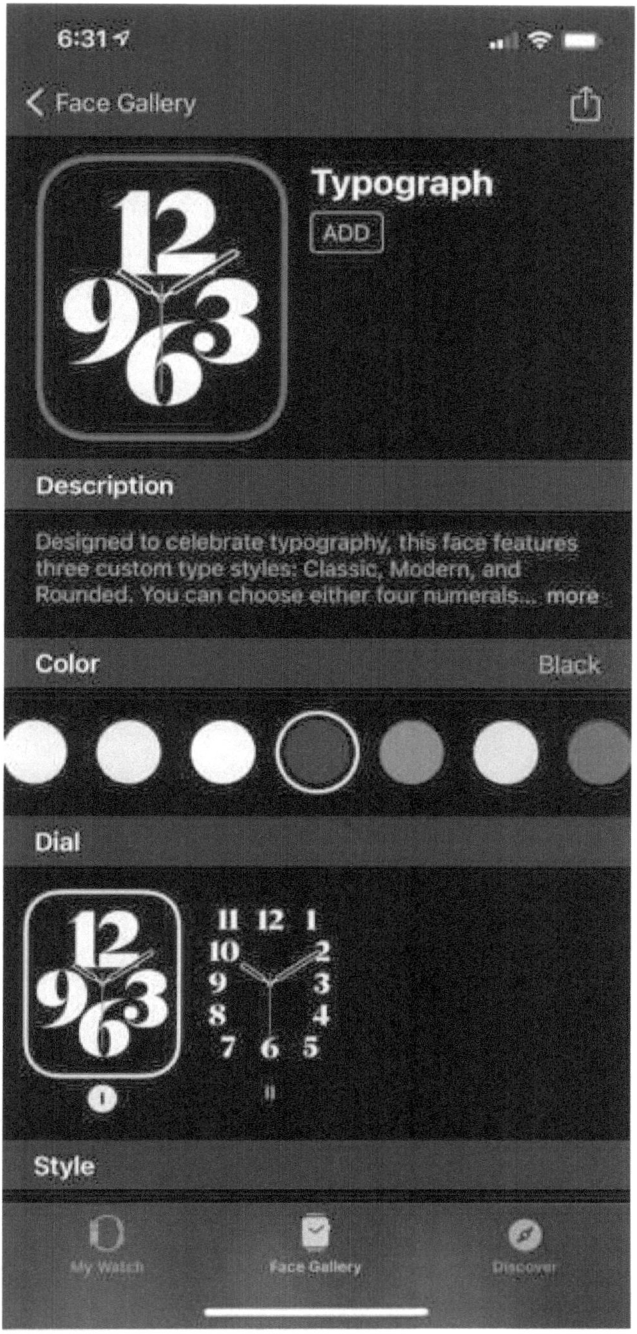
6:31
Face Gallery
Typograph
ADD
Description
Designed to celebrate typography, this face features three custom type styles: Classic, Modern, and Rounded. You can choose either four numerals... more
Color
Black
Dial
Style
My Watch
Face Gallery
Discover

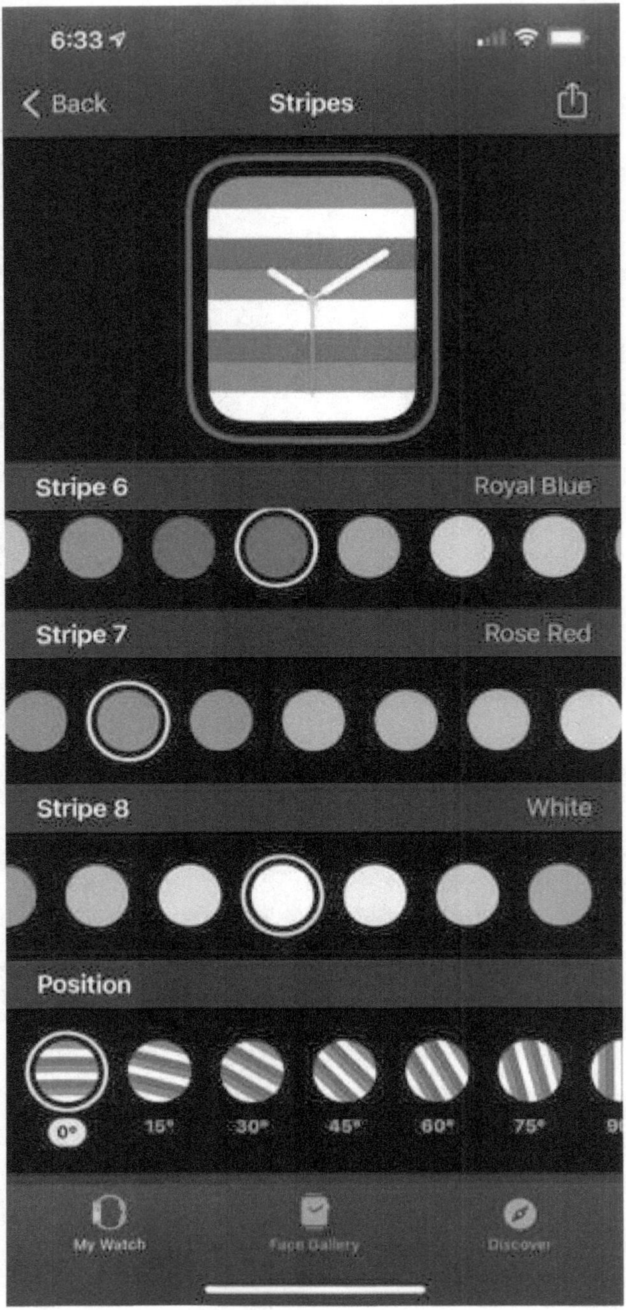
6:33
Back
Stripes
Stripe 6
Royal Blue
Stripe 7
Rose Red
Stripe 8
White
Position
0°
15°
30°
45°
60°
75°
My Watch
Face Gallery
Discover

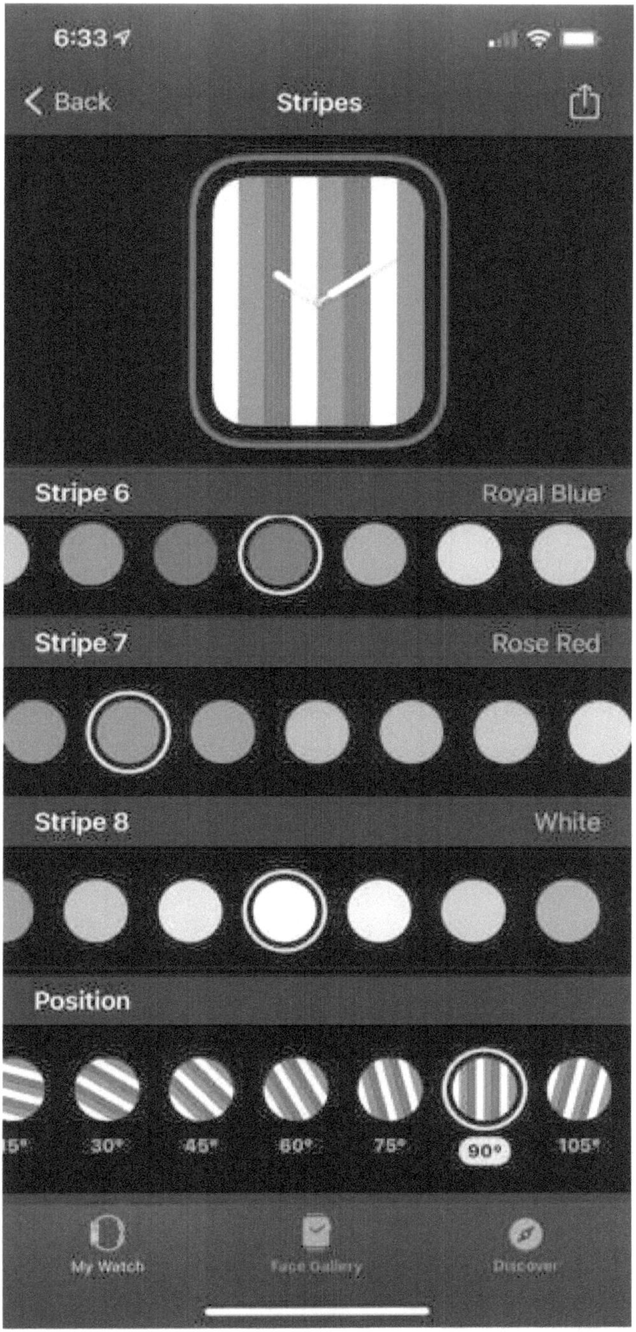
6:33
Back
Stripes
Stripe 6
Royal Blue
Stripe 7
Rose Red
Stripe 8
White
Position
30°
45°
60°
75°
90°
105°
My Watch
Face Gallery
Discover

[7]

WAT KAN HET HORLOGE NOG MEER?

Dit hoofdstuk behandelt:

- Een memoji maken
- Berichten verzenden/ontvangen
- E-mail lezen/versturen
- Siri gebruiken
- Telefoneren
- Handen wassen
- Agenda-evenementen toevoegen
- Herinneringen instellen
- De kaart gebruiken
- Foto's gebruiken
- Naar muziek luisteren
- Het weer opzoeken
- Alarmen en timers instellen
- De Apple Watch gebruiken met de Apple TV
- De Apple Watch als walkietalkie gebruiken

Memoji

Als je nog nooit een Memoji hebt gemaakt op je telefoon, dan mis je iets. Ze zijn leuk en kunnen beter worden getoond dan uitgelegd. Maar in de eenvoudigste termen: het zijn avatars die je kunt sturen om jezelf uit te drukken.

Je kunt nu een Memoji maken op je horloge. Om te beginnen open je de Memoji app.

Als je al Memojiop je telefoon hebt, dan zie je ze hier. Je kunt erop tikken om ze te bewerken. Om een nieuwe Memoji te maken, tikt u op het grote +-pictogram.

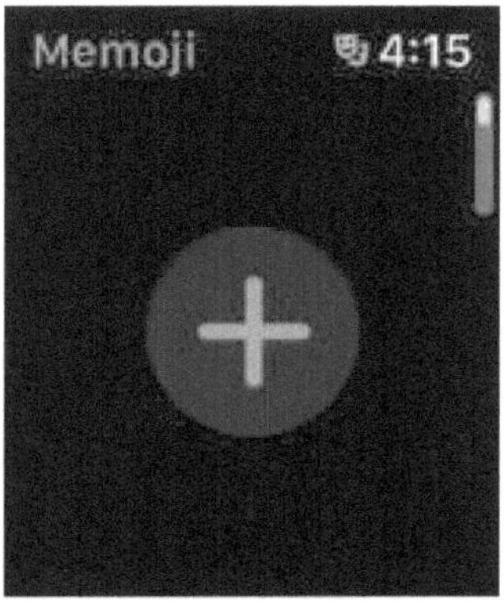

Het eerste wat je ziet is een kaal icoontje. Je kunt door een vrij lange lijst scrollen van dingen die je kunt veranderen: huid, kapsel, wenkbrauwen, ogen, hoofd, neus, mond, oren, gezichtshaar, brillen en hoofddeksels.

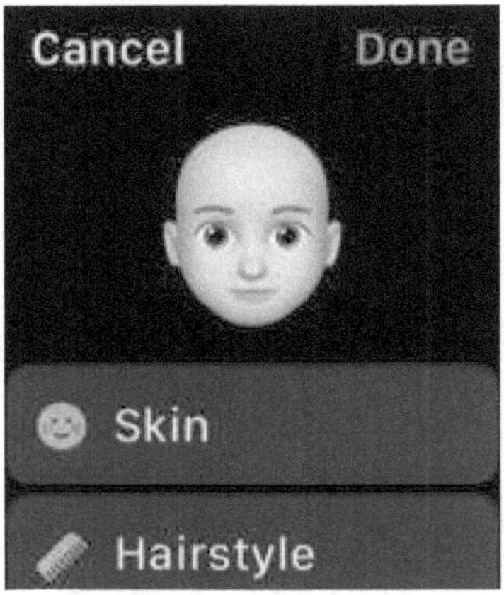

Elk ding dat je selecteert heeft submenu's voor nog meer dingen die je kunt veranderen. In het voorbeeld hieronder zie je dat er "Kleur" staat en daarnaast "Sproeten? Veeg horizontaal om naar het volgende submenu te gaan.

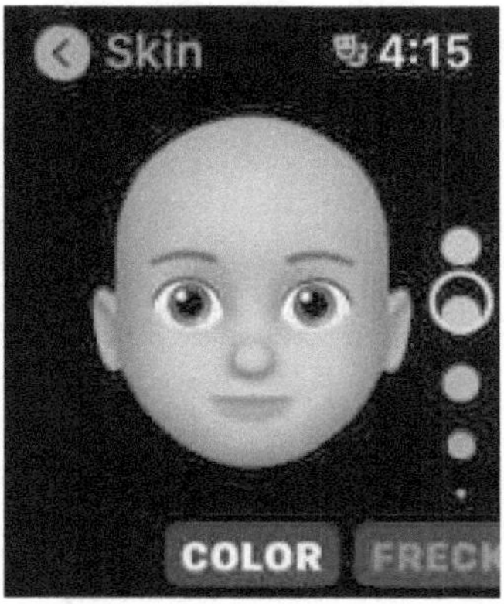

Onder hoofdbedekking kun je zelfs aangeven of je wilt dat je Memoji een gezichtsbedekking draagt.

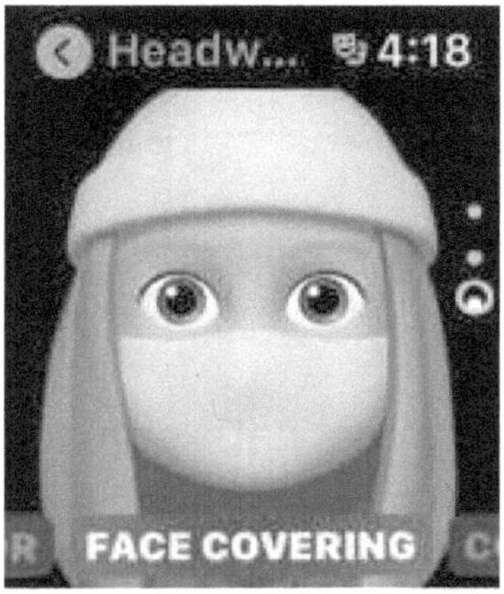

Als je klaar bent, selecteer je Gereed. Als je later iets wilt veranderen, tik je gewoon op de Emoji en selecteer je in het menu wat je wilt veranderen.

Memoji maken Kijkgezicht

Je kunt je Memoji als wijzerplaat. Ga gewoon naar de Memoji-app, tik op de Memoji die je als wijzerplaat wilt gebruiken en selecteer "Wijzerplaat maken."

Als je het eenmaal hebt gemaakt, ziet het er ongeveer zo uit als hieronder; elke keer als je je pols optilt, heeft het een andere uitdrukking.

Een memoji verwijderen

Als je een Memoji wilt verwijderenopen dan gewoon de Memoji app, tik op de avatar die je wilt verwijderen, scroll naar beneden en tik op Verwijderen.

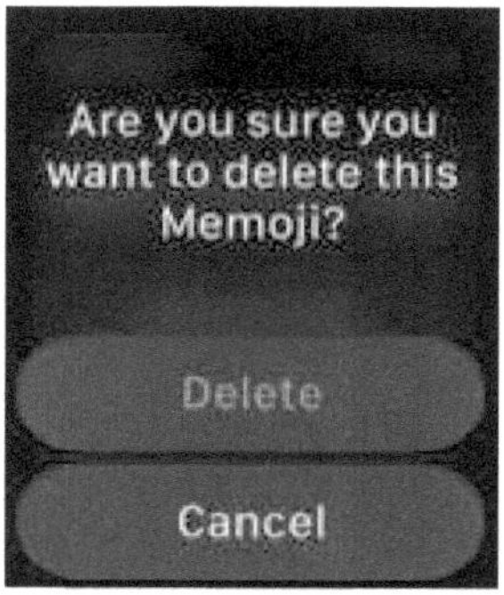

Memoji gebruiken In een bericht

Ik zal Berichten in de volgende sectie, maar ik wil er snel op wijzen dat je nu elke Memoji kunt gebruiken in een bericht.

Om dit te doen, open je de Berichten-app en tik je op de Memoji knop wanneer je antwoordt.

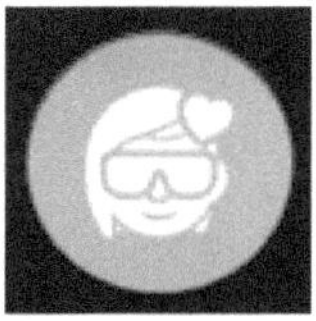

Je ziet een lijst met al je Memoji stickers. Tik op de avatar die je wilt gebruiken.

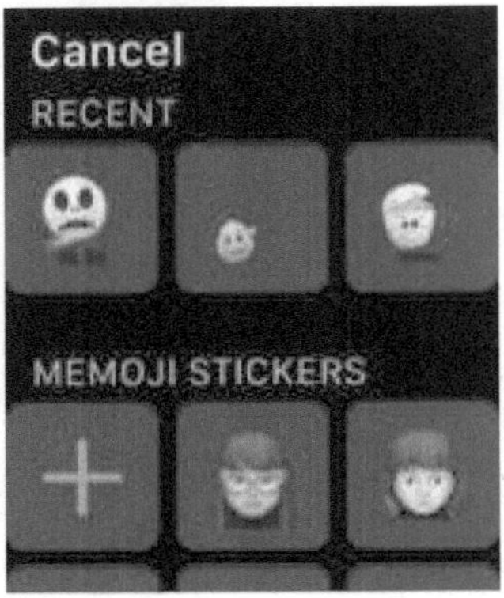

Tik vervolgens op het type uitdrukking dat je wilt toepassen.

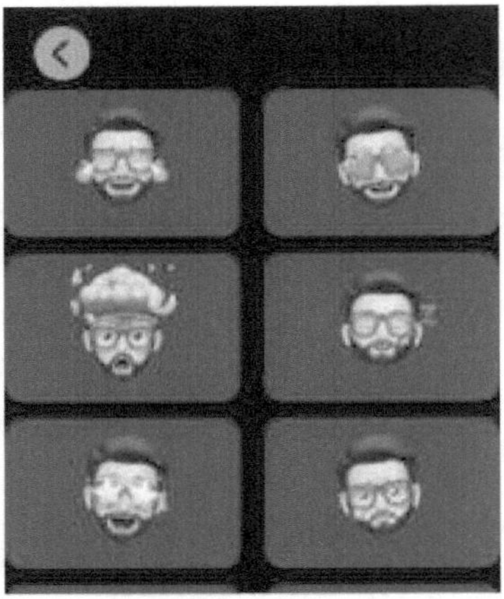

Je ziet de Memoji nu in je antwoordbericht.

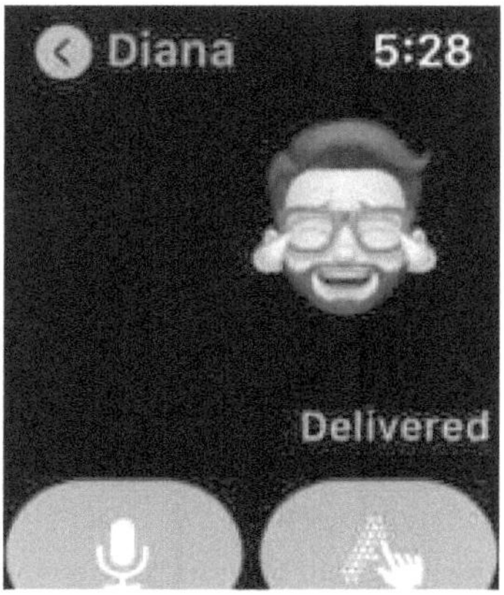

Memoji gebruiken Op de iPhone

Als je eenmaal een Memoji die een kunstgalerie waardig is, hoe gebruik je die dan op je telefoon? Heel eenvoudig! Open de berichten-app - die is er al! Het synchroniseert automatisch.

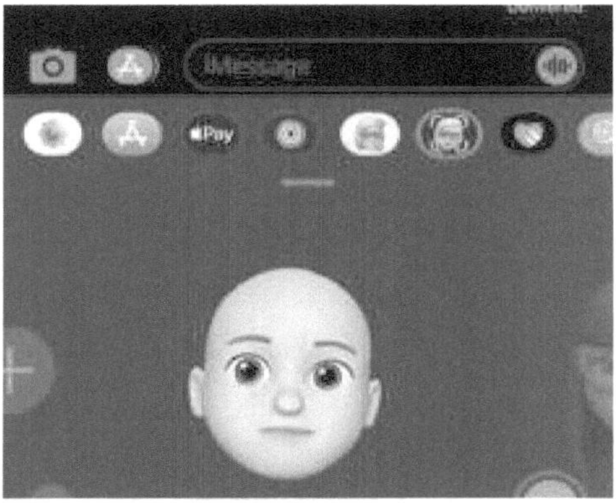

Berichten

Het eerste wat je moet weten over Berichten is dat dit niet de plek is om een episch liefdesbericht te typen. Het is de plek waar je snelle antwoorden stuurt. Technisch gezien zou je iets grootser kunnen doen, maar de tijd en moeite die daarmee gemoeid zijn, maken het nogal vruchteloos.

Om een nieuw bericht te beginnen, ga je naar het beginscherm van je horloge en open je de app Berichten app. Selecteer vervolgens Nieuw bericht.

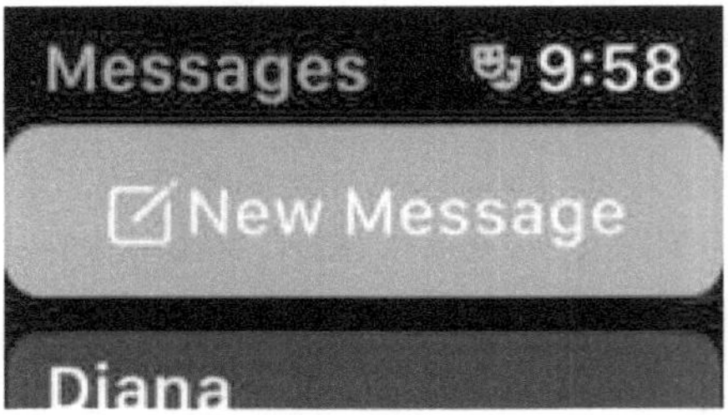

Tik hier op Een contact toevoegen. Zodra u uw contactpersoon hebt gekozen, tikt u op Bericht maken.

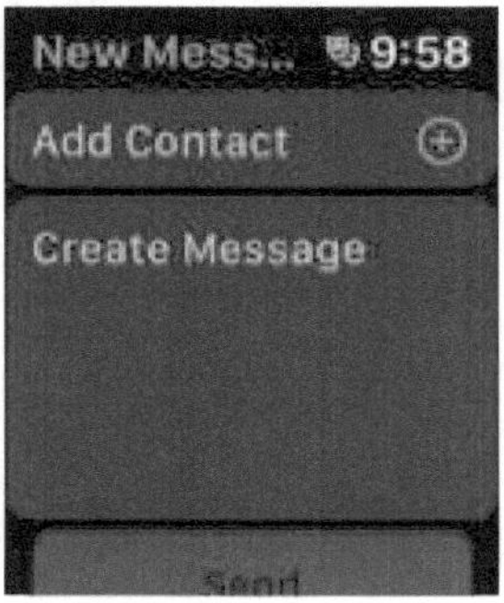

Er zijn een paar manieren om een bericht te maken. De eerste is om het te dicteren. Als je dicteert, luistert het programma naar wat je zegt en schrijft het uit - niet altijd even nauwkeurig (vooral als er veel lawaai is).

De tweede manier is om te krabbelen. Bij krabbelen schrijf je de letters één voor één. Als je een letter wilt veranderen, kun je die verwijderen of erop tikken om door meer keuzes te bladeren.

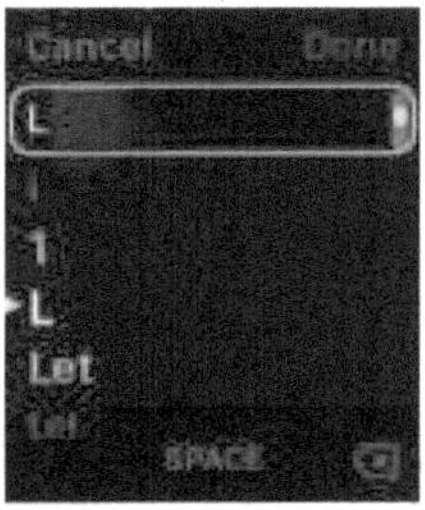

Vervolgens is er het bericht met tikken (dat is het pictogram met het hartje en de vinger). Dit is goed als je de aandacht probeert te trekken van iemand anders die ook een Apple Watch draagt. Zij voelen de tikvibratie die je hen stuurt.

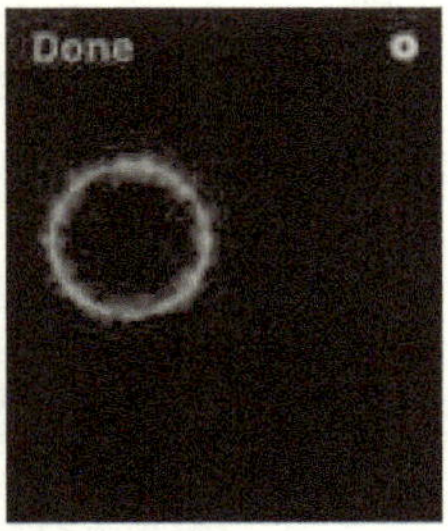

Je kunt ook een emoji en Memoji's.

Onder de vijf manieren om berichten te maken staan veelgebruikte zinnen. Tik op een van deze zinnen en de zin wordt toegevoegd aan het bericht.

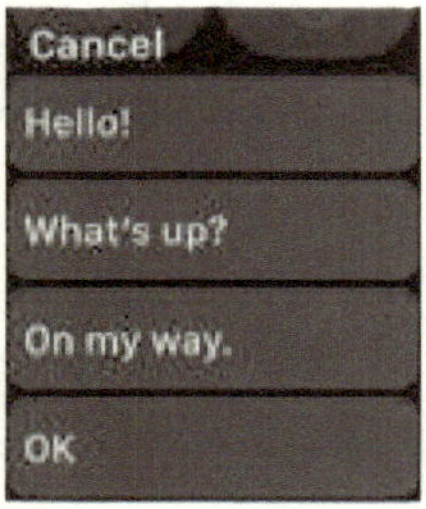

Als je een bericht ontvangt, tikt de Apple Watch je aan. Beweeg je hand naar je toe en het bericht verschijnt automatisch; zodra je je hand naar beneden doet, gaat het weer uit. Gebruik de zijknop van het horloge om door het bericht te bladeren. Je kunt op dezelfde manier antwoorden als toen ik liet zien hoe je een bericht schrijft (hierboven).

Het grootste verschil is dat Apple Pay nu een optie is. Met Apple Pay kun je geld naar iemand sturen. Dus als je gaat lunchen met een vriend, kun je jouw deel van de rekening direct op je horloge betalen.

Als er geen antwoord nodig is, druk dan op de knop Dismiss in plaats van op de knop Reply.

Als je geen berichten op je horloge krijgt, is de kans groot dat een instelling niet is ingeschakeld; je kunt de instellingen voor Berichten instellingen wijzigen vanuit de Apple Watch-app op je iPhone.

Typos herstellen

Typen op het kleine scherm is niet de beste ervaring; het is goed als je je telefoon niet bij de hand hebt, maar toch kan het frustrerend zijn. Dat geldt vooral als je een typefout probeert te herstellen. Proberen om precies te tikken waar je heen wilt om de fout te herstellen is niet altijd nauwkeurig. Door aan de digitale kroon te draaien, blader je moeitelozer naar de plek die je moet herstellen.

Volledig toetsenbord

Een van de grootste voordelen van de Apple Watch Series 7 en hoger ten opzichte van oudere apparaten is een toetsenbord van volledig formaat. Je hoeft niet meer te dicteren wat je wilt zeggen. Dit toetsenbord ziet er net zo uit als op een groot apparaat. Het is nog steeds een beetje omslachtig in het gebruik, maar dat extra schermoppervlak komt goed van pas. Het ondersteunt ook Quick-Path, waarmee je van letter naar letter kunt gaan zonder je vinger op te tillen, en het kan voorspellen welk woord je gaat typen.

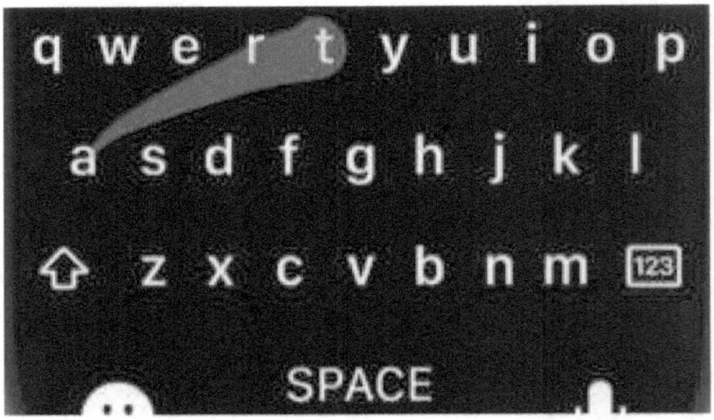

E-MAIL LEZEN EN VERSTUREN

Als je mail krijgt, krijg je een melding, maar er is ook een app om je mail te lezen en te beheren. Net als op de iPhone heet de e-mailapp gewoon "Mail".

Om te beginnen ga je naar de app op je startscherm en tik je erop. Het ziet er vrij kaal uit, maar er zit veel in. Je kunt door je berichten bladeren vanuit de app. Om een bericht te lezen, tik je erop.

Op elk moment kun je het bericht verder lezen op je iPhone door omhoog te vegen op het Mail-pictogram in de linkerbenedenhoek van het vergrendelscherm van je iPhone. (Opmerking: handoff moet worden ingesteld, dus raadpleeg hoe je handoff instelt in dit boek als je dat nog niet hebt gedaan).

Hoewel de Apple Watch HTML-indelingen ondersteunt (inclusief verschillende lettertypen en letterkleuren), kan het er nog steeds niet helemaal goed uitzien, dus voor complexe berichten is de iPhone de beste plek om ze te lezen.

Als het een lang bericht is, kun je met de knop Digital Crown gebruiken om er doorheen te bladeren.

Als een bericht telefoonnummers of adressen bevat, herkent het horloge deze automatisch en maakt er hyperlinks van. Als je erop tikt, verschijnt de app Telefoon of Kaart (afhankelijk van wat de hyperlink is).

Om een e-mail te beantwoorden, moet je de iPhone gebruiken om de e-mail samen te stellen.

MAIL BEHEREN

Een e-mail markeren

Als je een e-mail op het horloge leest, kun je stevig op het display drukken en vervolgens op Markeren tikken. Je kunt een bericht ook markeren vanuit je berichtenlijst door het bericht naar links te vegen en vervolgens op Meer te tikken.

Markeren als ongelezen

Als je een bericht als ongelezen wilt markeren, ga je naar je berichtenlijst, veeg je naar links, tik je op Meer en vervolgens op Ongelezen.

Een e-mail verwijderen

Als u een bericht wilt verwijderen, gaat u naar uw berichtenlijst, veegt u naar links, tikt u op Meer en vervolgens op Prullenbak.. (Opmerking: als uw e-mail is ingesteld om een bericht te archiveren, ziet u de knop Archiveren in plaats van de knop Prullenbak).

De inboxen selecteren die verschijnen

U wilt misschien niet dat al uw e-mail op uw horloge verschijnt. Stel dat je een werkmail, een familiemail en een spammail hebt en je wilt dat alleen je familiemail wordt weergegeven. Als dat het geval is, ga dan naar de Apple Watch-app op je iPhone, tik op Mijn horloge en ga dan naar Mail en E-mail opnemen. Geef aan welke mailbox je wel of niet wilt weergeven.

Waarschuwingen aanpassen

Als je wilt veranderen hoe je wordt gewaarschuwd als je mail krijgt (of als je helemaal geen waarschuwingen wilt), ga dan naar de Apple Watch-app op je iPhone, tik op Mijn horloge en schakel Mailwaarschuwingen en Toon waarschuwingen in. "Geluid"zijn waarschuwingen die geluid maken en "Haptisch" zijn waarschuwingen die trillen.

Berichtenlijst

Als je vindt dat je lijst met e-mailberichten gewoon te lang is, kun je het aantal regels van de voorbeeldweergave verminderen door naar de Apple Watch-app te gaan, op Mijn horloge te tikken en dan naar Mail en Berichtvoorbeeld te gaan; kies twee regels bericht, één regel bericht of geen regels bericht.

Siri

Als je dol bent op Siri op de iPhone, dan ga je nog meer van haar houden op je pols. Vind je haar niet geweldig? Geef haar een tweede kans want ze heeft een kleine upgrade gekregen.

Je kunt Siri op een van de volgende twee manieren (je zult snel ontdekken dat er meerdere manieren zijn om de meeste taken op het horloge uit te voeren):

1. Druk op de digitale kroon knop.
2. Doe je pols omhoog en spreek (zeg maar dag tegen "Hey Siri"). Je hoeft alleen maar je verzoek in te spreken (bijvoorbeeld "Wat is het weer in Parijs?" "Wie heeft de Yankee-wedstrijd van gisteravond gewonnen?"); je kunt Siri gebruiken om apps te openen, alarmen in te stellen, vrienden te bellen, zo'n beetje alles wat je maar kunt bedenken. Omdat veel horloges geen ingebouwd toetsenbord hebben, is Siri belangrijker dan ooit.

TELEFONEREN

Hoewel je misschien niet meteen een Apple Watch koopt om je Dick Tracy aan te trekken en te bellen vanaf je pols, is het zeker een leuke touch... en het is vrij eenvoudig om te doen.

Zodra je horloge gesynchroniseerd is met je iPhone, kun je beginnen met bellen en gebeld worden.

Als er een gesprek binnenkomt, kun je het dempen door je hand over het horloge te houden. Als je het gesprek naar je telefoon wilt sturen of wilt antwoorden met een sms, beweeg dan je vinger over de Digitale Kroon en scrol je naar beneden.

Om het gesprek aan te nemen, gebruik je de groene knop; om het gesprek af te wijzen, druk je op de rode knop. Het is net alsof je gebeld wordt op je iPhone. Je horloge gebruikt een ingebouwde microfoon als je erin praat. Het is niet de beste kwaliteit, maar het werkt.

Om te bellen heb je twee opties:

Ga naar je Beginscherm en tik op het Telefoon icoon.

De andere optie is de eenvoudigste; die optie is om Siri te gebruiken.. Til gewoon je pols op en zeg: "bel PERSOON NAAM." Als de verkeerde persoon wordt gebeld, druk je gewoon op de Hang Up-knop en als je het snel genoeg doet, wordt het gesprek niet doorgezet.

Kalender

De Agenda app op Apple Watch toont evenementen die je vandaag en de komende week hebt gepland of waarvoor je bent uitgenodigd. Apple

Watch toont evenementen voor alle agenda's die je op je iPhone gebruikt.

Om je agenda te bekijken, open je de app Agenda app op je startscherm of app-lijst; je kunt ook op de datum van de dag op de wijzerplaat tikken als je die optie hebt toegevoegd.

Er zijn drie verschillende kalendermodi. Om hiertussen te wisselen, ga je naar de Instellingen-app en tik je op Agenda.

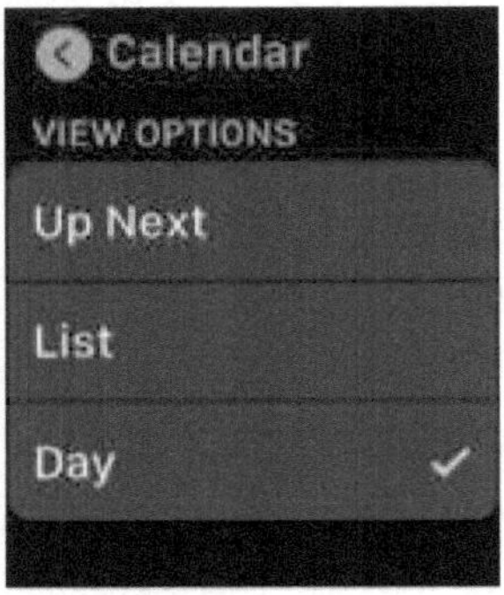

De eerste weergave is de weergave Volgende, die je een grote weergave geeft van alle gebeurtenissen die je hebt - een gebeurtenis per keer. Als je op een gebeurtenis tikt, worden de details van de gebeurtenis weergegeven en kun je deze bewerken.

De lijstweergave toont al je gebeurtenissen in een samengevouwen weergave. Als je erop tikt, wordt de gebeurtenis vergroot en kun je deze bewerken of details bekijken.

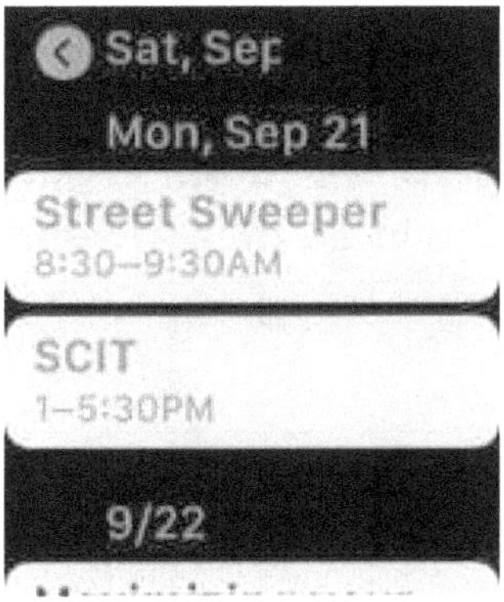

In de weergave Vandaag zie je alle gebeurtenissen in je agenda voor één dag.

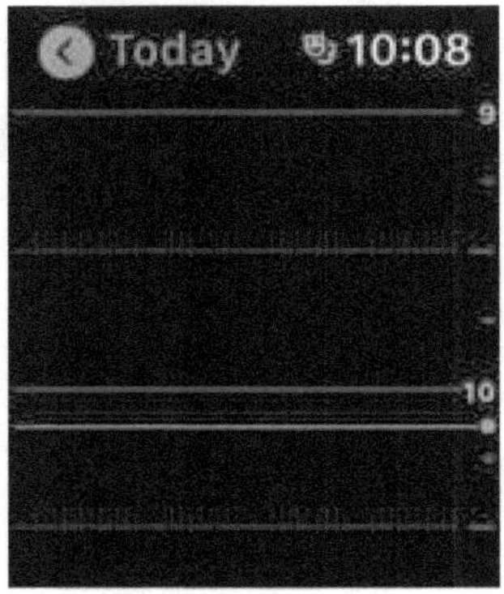

Je kunt ook zien wat er in je dag gebeurt door je pols op te tillen en te zeggen: "Sirivertel me wat er vandaag gebeurt."

Als je de volledige maand wilt zien, tik je op de '<' linksboven in de Agenda-app en vervolgens op de maandkalender. en tik je op de maandkalender; herhaal deze stap om terug te gaan naar de dagweergave. Als je in de maandweergave bent, worden alle dagen waarop je een activiteit hebt rood gemarkeerd.

Evenementen toevoegen

Om een gebeurtenis toe te voegen, moet je de app Agenda app op je iPhone openen. Als je in de Agenda-app op je horloge bent, verschijnt er een Agenda-pictogram op het vergrendelscherm van je iPhone - veeg omhoog en je gaat meteen naar je agenda.

Je kunt Siri een gebeurtenis voor je toevoegen.

REAGEREN OP UITNODIGINGEN VOOR EVENEMENTEN

Als je een uitnodiging voor een evenement krijgt, verschijnt deze als melding. Veeg erover of draai aan de knop van de digitale kroon als je de uitnodiging ziet en tik vervolgens op Accepteren, Misschien of Weigeren. en tik op Accepteren, Misschien of Weigeren.

Op de uitnodiging staat ook de organisator van het evenement; als je de organisator van het evenement wilt e-mailen, druk je stevig op het scherm terwijl je de details van het evenement bekijkt; je kunt ze dan een spraakbericht sturen of bellen.

Om de instellingen van je agenda aan te passen, ga je naar de Apple Watch-app op de iPhone, tik je op Mijn horloge en tik je op Agenda..

HERINNERINGEN

Als je herinneringen op de iPhone gebruikt, ben je misschien teleurgesteld dat er geen Herinneringen app op de Apple Watch is.

Herinneringenis er echter wel; er bestaat weliswaar geen app, maar als je een herinnering aanmaakt op je iPhone via de Herinneringen-app, wordt deze ook op je horloge weergegeven.

Je kunt ook een herinnering aanmaken op je horloge met SiriJe hoeft alleen maar je pols op te tillen en te zeggen: "Hé Siri, stel een herinnering in."

KAART

Er zijn een paar manieren om de kaart op je Apple Watch te gebruiken; de eenvoudigste is om naar de Kaarten app te gaan in de lijst met apps. Van hieruit zie je je huidige locatie en wat er om je heen is; je kunt de Digitale Kroon gebruiken om in of uit te zoomen. Om door de kaart te scrollen of pannen, gebruik je je vinger. Als je op de pijl linksonder tikt, wordt de huidige locatie bijgewerkt.

Tik op de drie stippen rechtsonder om de kaart te doorzoeken.

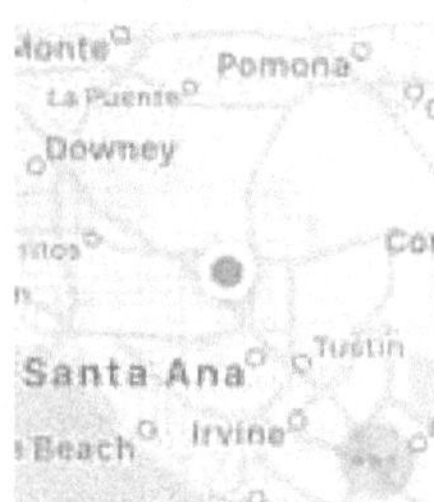

Hierdoor verschijnt de optie om iets te zoeken of om over te schakelen naar een transitweergave. Je wilt natuurlijk Hier zoeken.

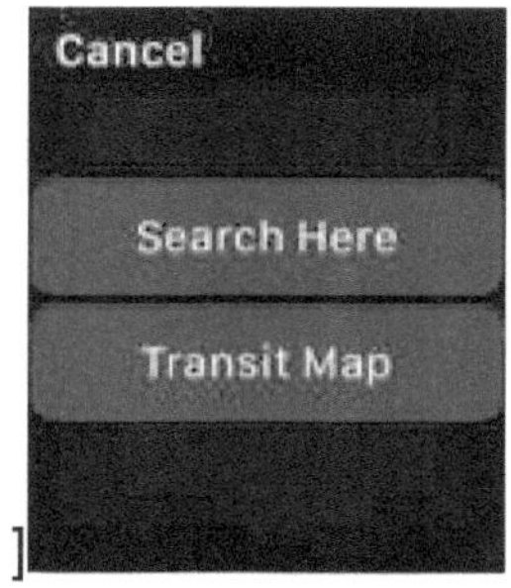

Je krijgt dan drie opties: een locatie dicteren (het microfoonpictogram), een locatie krabbelen (het vingerpictogram) of het adres van een contactpersoon zoeken (het persoonspictogram). Eronder staan ook verschillende plaatsen in de buurt waar je kunt zoeken - als je bijvoorbeeld op zoek bent naar fastfood, krijg je een lijst met fastfoodrestaurants in de buurt als je daarop tikt.

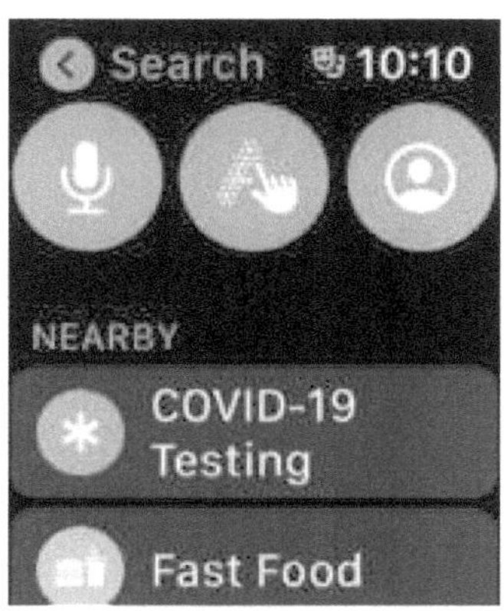

In het geval van echte locaties (bedrijven vs. alleen adressen) krijg je ook informatie over openingstijden.

Daaronder staat de optie om het soort routebeschrijving te kiezen dat je wilt (samen met de tijd die het in beslag zal nemen): lopen, rijden, vervoer en fietsen. De routebeschrijving verandert op basis van wat je selecteert - te voet kom je bijvoorbeeld in straten waar je met de auto misschien niet komt.

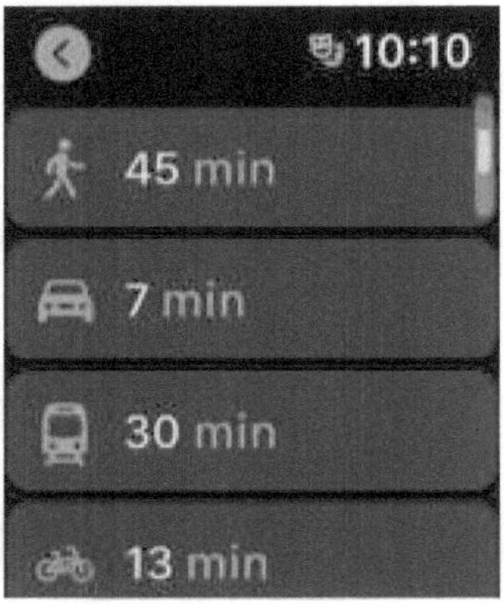

Je kunt ook een speld plaatsen in een gebied waar je naartoe wilt. Om een speld toe te voegen, raak je Kaart aan en houd je deze vast (niet stevig) en wacht je tot de speld valt. Als je op de speld tikt nadat hij is gevallen, krijg je het adres te zien. Om de speld te verplaatsen, beweeg je met de muis over een nieuwe locatie en laat je een nieuwe speld vallen. Als je niet zeker weet wat het adres van iemand is, kun je een speld in de buurt van de locatie laten vallen om een adres bij benadering te krijgen.

ROUTEBESCHRIJVING

Routebeschrijving op de Apple Watch is een van de belangrijkste functies, en het is heel eenvoudig te gebruiken.

Wanneer je een tekst krijgt met een adres, wordt het adres automatisch omgezet in een hyperlink; klik erop en er wordt onmiddellijk een kaart geopend. Je kunt in- en uitzoomen op de kaart door aan de knop Digital Crown knop te draaien.

Als je geen bericht met het adres hebt, ga dan naar het beginscherm van je horloge, tik op het pictogram Kaarten De kaart verschijnt met je huidige locatie. Om een adres te vinden, tik je met je vinger stevig op het scherm. Je krijgt een optie om het adres te zoeken of om de adressen van een van je contacten te gebruiken. Als je een adres zoekt, kun je een recent gebruikt adres gebruiken of het adres dicteren.

Als het adres verschijnt, zijn er twee opties: een routebeschrijving met de auto en een routebeschrijving te voet. Lopen kost niet alleen meer tijd, maar brengt je ook op paden die een auto niet kan bewandelen. Zodra je je keuze hebt gemaakt door te tikken, druk je gewoon op de startknop.

Een van de coole functies van de kaart is de afslag-voor-afslag aanwijzingen. Als het tijd is om een afslag te nemen, tikt je horloge je aan om je aandacht te trekken. Nog cooler is dat als je de routebeschrijving op je telefoon start, deze ook op je horloge verschijnt.

Foto's

Om foto's op de Apple Watch te bekijken, ga je naar de Foto's-app op het beginscherm van je horloge; omdat het horloge niet echt foto's kan maken, zijn de foto's die je ziet de foto's uit je iPhone-album. Het horloge is standaard ingesteld om alleen je favorieten-album weer te geven, maar je kunt dit veranderen.

Zodra de app geopend is, tik je gewoon op de foto die je wilt bekijken en gebruik je de digitale kroon om in of uit te zoomen en gebruik je vinger om te pannen. Zoom helemaal uit om al je foto's te zien.

Kies een album

Als je een ander album wilt kiezen om op je horloge weer te geven, open dan de Apple Watch-app op de iPhone en tik op Mijn horloge, ga dan naar Foto's en Gesynchroniseerd album en kies het album dat je wilt synchroniseren; je kunt ook een nieuw album maken met foto's van je telefoon.

OPSLAG

Het horloge heeft niet zoveel ruimte als je telefoon, dus het is belangrijk om te beperken hoeveel je erop opslaat; om de opslag van foto's te beperken, open je de Apple Watch-app op de iPhone, tik je op Mijn horloge en ga je naar Foto's en Fotolimieten.

Je kunt zien hoeveel foto's er momenteel op je Apple Watch staan door de Instellingen-app te openen vanaf het beginscherm van het horloge, tik op Algemeen en vervolgens op Over. Je kunt dit ook op je telefoon zien door de Apple Watch-app te openen en vervolgens op Mijn horloge, Algemeen en Over te tikken.

CAMERA ZOEKER

Hoewel het horloge geen ingebouwde camera heeft, heeft het wel een geweldige functie waarmee je het horloge kunt gebruiken als externe zoeker en sluiter voor je iPhone camera.

Om dit te laten werken, moet je ervoor zorgen dat het horloge niet verder dan 30 meter van je iPhone is.

Om een foto te maken, opent u de Camera app op het beginscherm van je horloge en positioneer je de iPhone om de foto te maken met de Apple

Watch als zoeker. Als je de belichting wilt wijzigen, tik je gewoon op het gebied waarop je wilt scherpstellen in het voorbeeld op je Apple Watch; tik op de sluiterknop op je horloge. Je kunt een voorbeeld van de foto bekijken op je horloge, maar de foto wordt opgeslagen op de iPhone.

Naast de ontspanknop zit een timerknop; als je een getimede opname wilt maken, tik je daarop. De timer maakt burstopnamen, wat geweldig is voor actie-/sportfoto's.

MUZIEK

De Muziek staat natuurlijk op je startscherm, maar je kunt er sneller bij door omhoog te vegen op je scherm.

Zoals bijna alles op het horloge kun je ook muziek afspelen met Siri. Til gewoon je pols op en zeg "speel Bob Dylan af".

Als er muziek wordt afgespeeld, tik je op de bovenhoek en heb je de optie om te bladeren door

Artiesten, AlbumsAfspeellijst en Nummers (scrollen met de knop Digital Crown knop).

Het horloge synchroniseert automatisch met je telefoon en speelt muziek af die op je iPhone staat. Dat is geweldig als je telefoon in de buurt is, maar soms heb je je telefoon niet in de buurt en wil je direct op je horloge naar muziek luisteren. Je kunt vrij eenvoudig muziek op je horloge zetten.

Om muziek toe te voegen, sluit je je horloge aan op de oplader en open je de Apple Watch-app op je iPhone. Tik vervolgens op Muziek (onderaan). Tik daarna op Afspeellijst synchroniseren en kies de nummers die je wilt toevoegen.

Om muziek rechtstreeks vanaf je horloge af te spelen, open je de app Muziek app en druk stevig op het scherm wanneer de app opent. Dit opent een nieuw menu met vier opties: Shuffle, Herhalen, Bron en Airplay. Selecteer Bron. Selecteer vervolgens Apple Watch. Je kunt nu je horloge koppelen aan Bluetooth-headsets om naar muziek te luisteren. headsets om naar de muziek te luisteren.

In het vorige menu kun je ook Airplay selecteren om je horloge te koppelen aan een luidspreker met Airplay.

Aandelen

Als je een of meer aandelen vanaf je horloge wilt volgen, open dan de app Aandelen app; je kunt details over een aandeel zien door erop te tikken in de lijst en dan met de digitale kroon te draaien om te bladeren.

Je kunt Siri ook gebruiken om de koers van een aandeel te vinden door te zeggen: "Wat was de slotkoers van aandeel XYZ?".

WEER

Om weersinformatie te openen, gaat u naar de app Weer app door deze op het beginscherm van het horloge te openen. De Weer-app geeft de 10-daagse verwachting, de huidige temperatuur en omstandigheden en de kans op regen.

Het Weer app wordt gesynchroniseerd met je iPhone, dus als je een stad wilt toevoegen of verwijderen, doe je dat vanaf je telefoon.

U kunt de standaardstad die op uw horloge wordt weergegeven, wijzigen door de Apple Watch-app op uw iPhone te openen, op Mijn horloge te tikken en dan naar Weer en Standaardstad.

ACTIVITEIT

Een van de functies die Apple echt promoot met de Apple Watch is activiteit.Een van de redenen om het horloge te dragen, als je Apple mag geloven, is om je meer te laten bewegen. Dat is moeilijk te verkopen aan mij, want ik ben een luie zwerver!

De app is onderverdeeld in drie fitnessdoelen: minstens een minuut van elk uur opstaan, je calorieverbrandingsdoel halen door meer te bewegen (je kunt je doel instellen) en 30 minuten van een activiteit verzamelen waarvoor je meer moet bewegen dan een stevige wandeling. Elk van deze doelen vormt ringen; als je je doelen voltooit, beginnen de ringen zich te vullen en aan het eind van de dag zouden ze idealiter vol moeten zijn.

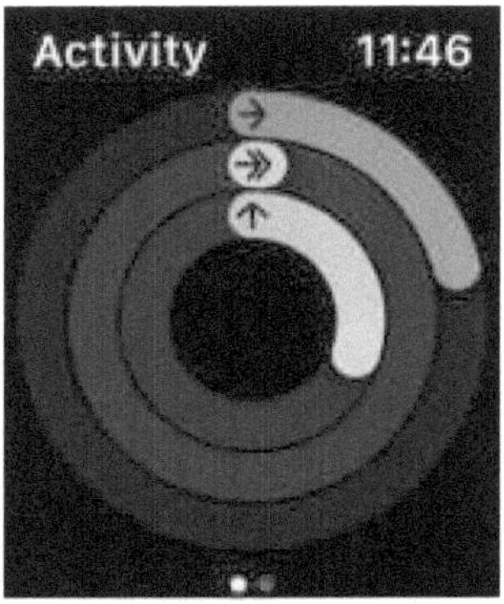

Om te beginnen ga je naar je beginscherm en tik je op de Activiteit app. De eerste keer dat je de app opent, krijg je een korte uitleg over wat de app is en hoe hij je helpt om gelukkiger en gezonder te leven. Als je klaar bent met de uitleg, moet je wat persoonlijke informatie invoeren - dit is alleen voor jouw ogen en je doet het maar één keer. Het helpt ervoor te zorgen dat de app zo nauwkeurig mogelijk is. Draai voor elk onderdeel aan de digitale kroon om je informatie in te voeren.

Nadat je klaar bent, geef je je activiteitsniveau aan; je kunt dit later wijzigen, dus als je het niet zeker weet, ga dan voor lager-niet hoger. Vervolgens zie je het voorgestelde doel, dat je kunt accepteren of aanpassen. Als je klaar bent, tik je op Start Bewegen. Je app zal je nu op de achtergrond volgen. Je hoeft niet elke dag opnieuw te beginnen.

Je kunt de app Activiteit op elk moment openen door erop te tikken vanaf je startscherm. Het eerste wat je ziet zijn alle ringen bij elkaar. Je kunt je Digitale Kroon gebruiken gebruiken om meer gedetailleerde informatie over de ringen te zien.

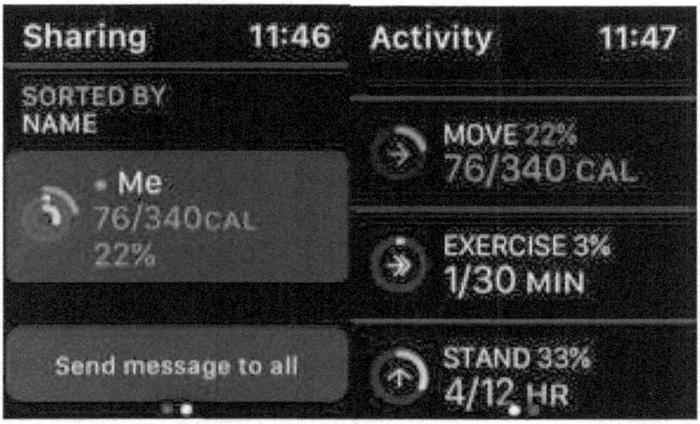

Op elk moment kun je je doelen wijzigen door de app te openen en stevig op het scherm te drukken. Je kunt ook herinneringen ontvangen om je aan te moedigen je doelen te bereiken.

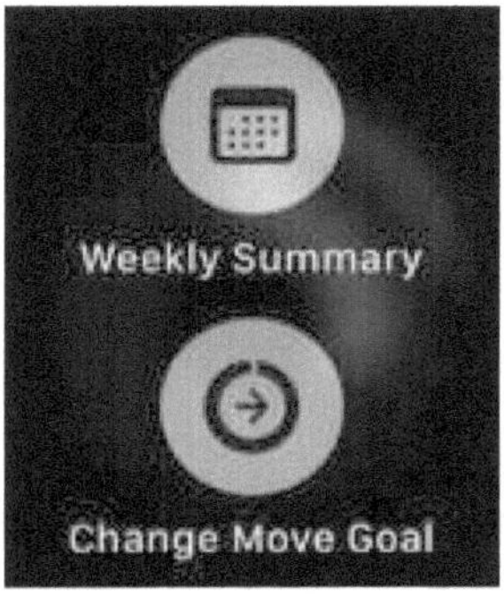

In de Activiteit app op je iPhone kun je je activiteitsgeschiedenis bekijken en meer gedetailleerde rapporten zien over wat je hebt gedaan. De metingen worden nauwkeuriger naarmate je het horloge meer draagt en het je gedrag leert kennen.

Als je ten slotte naar links veegt in de app Activiteit app, kun je je activiteitsdoelen delen; perfect voor de luie zwerver zoals ik, die zijn partner er graag aan herinnert dat ze de hele dag hebben rondgehangen.

De meeste mensen, waaronder ikzelf, zitten iets meer dan ze willen toegeven. We zitten op ons werk, we zitten op weg van ons werk naar huis en we zitten als we thuiskomen. Het probleem met zitten is dat het niet goed is voor onze gezondheid.

Apple helpt met een nieuw doel voor staan in WatchOS. Met de nieuwe modus kun je een doel instellen voor hoe lang je wilt staan.

Het doel is om je te stimuleren om meer te gaan staan, zelfs als je voor je werk anders zou moeten zitten; het zal je motiveren om snelle pauzes te nemen en te gaan staan, wat zal helpen om je bloed te laten circuleren.

TRAINING

Workout is een soort metgezel van Activity ook al is er een aparte app voor. Het doel ervan is om je te helpen je voortgang tijdens een trainingssessie bij te houden en je te helpen nieuwe mijlpalen te bereiken.

Tik in je beginscherm op de app Workout en je ziet meteen tientallen verschillende workouts. Ze variëren van stevige wandelingen tot intensievere workouts, zowel binnen als buiten. Voor hardlopen binnen en buiten of wandelen en fietsen buiten kun je ook een afstandsdoel instellen. Je kunt ook geen doel kiezen en gewoon beginnen.

Trainingen worden elk jaar slimmer. Fietsen in de buitenlucht kan bijvoorbeeld detecteren of je op een buitenfiets of een stationaire fiets zit en kan zelfs aanpassingen maken als je op een elektronische fiets rijdt, omdat je duidelijk minder calorieën verbrandt.

Hieronder vind je een aantal workouts waaruit je kunt kiezen:

- Wandeling in de buitenlucht
- Buiten hardlopen
- Buiten fietsen
- Binnenwandeling
- Binnen hardlopen
- Fietsen binnen
- Elliptische
- Pilates
- Tai Chi
- Roeier
- Traploper
- Intervaltraining met hoge intensiteit (HIIT)
- Wandelen
- Yoga
- Functionele krachttraining
- Dans
- Afkoeling
- Kerntraining
- Zwemmen in het zwembad
- Open water zwemmen

Als je niet ziet wat je aan het doen bent, tik dan op Workout toevoegen (nee, dit is niet waar je het fitnessdoel "tv kijken" bijhoudt)."). Hierdoor verschijnen er ook opties voor de volgende sporten: Badminton, Barre, Basketbal, Cross Training, Kickboksen, Mixed Cardio, Pilates, Voetbal, Social Dance, Surfen, Tafeltennis, Tennis, Traditionele Krachttraining, American Football, Boogschieten, Australian Football, Honkbal, Bowling, Boksen, Klimmen, Cricket, Langlaufen, Cross Training, Curling, Disc Sports, Downhill Skiing, Paardensporten,

Schermen, Vissen, Fitness Gaming, Flexibiliteit, Golf, Gymnastiek, Handcycling, Handbal, Hockey, Jagen, Springtouw, Lacrosse, Vechtsporten, Mind & Lichaam, Paddling, Pickleball, Spelen, Rollen, Rugby, Zeilen, Schaatsen, Sneeuwsporten, Snowboarden, Softbal, Squash, Trappen, Traptraining, Tai Chi, Track & Field, Volleybal, Waterfitness, Waterpolo en Worstelen - hebben ze een sport gemist?!

Als je een van die andere sporten toevoegt door erop te tikken, dan zal het verschijnen in de workouts, zodat je er niet opnieuw naar hoeft te zoeken.

Je kunt de training starten of doelen instellen. Om een doel in te stellen (zoals hoe ver je wilt lopen), tik je op de drie puntjes.

Er verschijnen vier opties: Open, Calorieën, Afstand en Tijd.

Deze opties stellen een doel in. Dus, als voorbeeld, laten we zeggen dat mijn doel is om drie mijl te lopen; ik voeg drie mijl toe, tik op Begin en het zal beginnen met bijhouden. Ik krijg een melding als ik de drie mijl heb bereikt.

Zodra je op Begin drukt, telt het horloge onmiddellijk af om te beginnen. Tijdens je training wordt hier een ring ingevuld naarmate je je doel nadert.

Om de training te pauzeren of te beëindigen, druk je gewoon stevig op het scherm en druk je op Einde of Pauze. Wanneer je de training beëindigt, kun je door een volledige samenvatting bladeren. U kunt de gegevens opslaan of weggooien. U zult merken dat sommige trainingen meer opties hebben dan andere; dat komt omdat elke training andere configuraties heeft.

Uitzicht op training

Terwijl je aan het trainen bent en in de Workout-app op het horloge zit, kun je aan de digitale kroon draaien en inzichtelijke gegevens zien over hoe je het doet - je activiteitsringen, hartslagzone (die je een idee geeft van hoe intensief je aan het trainen bent), hoogte, enz.

Trainingen kunnen ook worden aangepast met verschillende herstelintervallen voor verschillende soorten trainingen. Tijdens het hardlopen geeft je horloge je zelfs feedback om je te laten weten of je op schema ligt om je doel te halen of dat je jezelf een beetje moet pushen.

Bij Outdoor Run of Cycle workouts kun je het instellen om tegen je laatste (of beste) tijden te racen.

Lopend vermogen

Hardloopvermogen is een trainingsoverzicht dat beschikbaar is op de Apple Watch SE en Apple Watch Series 6 en hoger. De Apple Watch meet de inspanning die je levert tijdens het hardlopen en geeft vervolgens de hoeveelheid energie weer die je verbruikt; het doel is om je na verloop van tijd beter te laten presteren.

Fitness+

Een van de grootste verbeteringen van de Apple Watch in de afgelopen jaren is de toevoeging van Fitness +.

Het kost € 9,99 per maand of € 79,99 per jaar (met drie maanden gratis als je een nieuwe Apple Watch koopt); Fitness+ wordt ook gebundeld in de nieuwe Apple One Premier-dienst (€ 29,99 per maand), die jou en je hele gezin toegang geeft tot alle Apple diensten.

De dienst werkt zo dat je het type workout ki-est dat je wilt doen met je Apple TViPad of iPhone; dit wordt direct gesynchroniseerd met je horloge. Dus terwijl de videotraining wordt afgespeeld, zie je dingen zoals je hartslag op de video.

De workouts veranderen elke week en je kunt ze met of zonder fitnessapparatuur gebruiken. Er zijn workouts voor beginners en gevorderden en de AI van Apple beveelt verschillende workouts en trainers aan op basis van je workout.

Je kunt de workouts zelfs filteren op tijd (van vijf minuten tot 45 minuten); dus als je maar een paar minuten in je schema hebt, kun je een work-out routine vinden die in dat schema past.

Als je Peloton hebt gebruikt (of ermee bekend bent), dan lijkt dit concept erg op elkaar. Het grootste verschil is dat het met meer apparaten kan werken (of helemaal geen apparaat); dat maakt het geweldig voor op reis.

Je kunt ook het soort muziek kiezen dat tijdens je workout wordt afgespeeld.

MEDICIJNEN

Niet vergeten je medicijnen in te nemen is een fluitje van een cent op de Apple Watch. Als je herinneringen nodig hebt, kun je gewoon vanaf je iPhone medicijnen instellen met de onderstaande instructies.

Ga naar de app Gezondheid, selecteer "Bladeren" en tik vervolgens op Medicijnen.

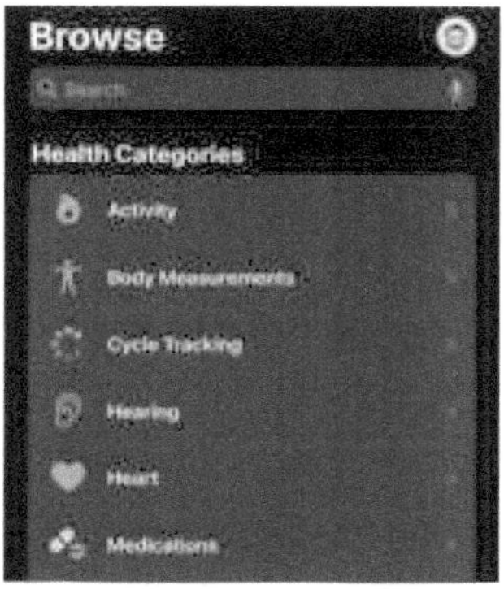

Vanaf hier tikt u op de blauwe knop Medicatie toevoegen.

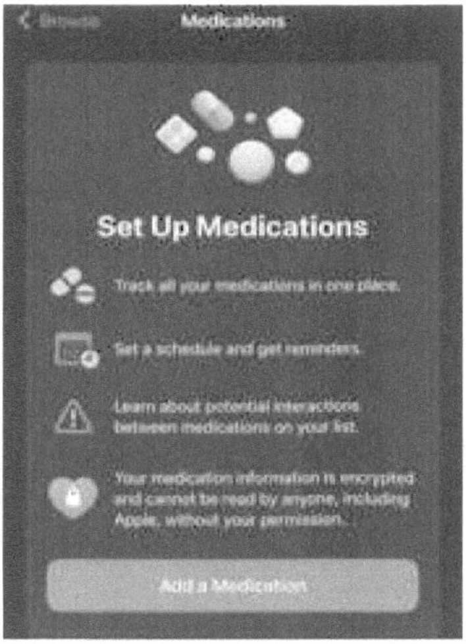

CONTROLEER JE HARTSLAG

Om de beste resultaten met je hartslag te krijgen, zorg je ervoor dat het horloge strak genoeg zit om de huid te raken, maar niet te strak.

Hij meet je hartslag wanneer je de app laadt.

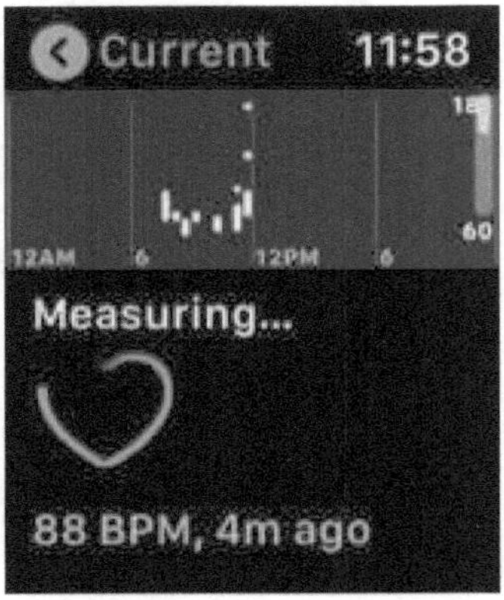

Als je op een van de drie opties tikt: Huidig, Rustsnelheid of Gemiddelde wandelsnelheid krijg je een overzicht van je hartslag.

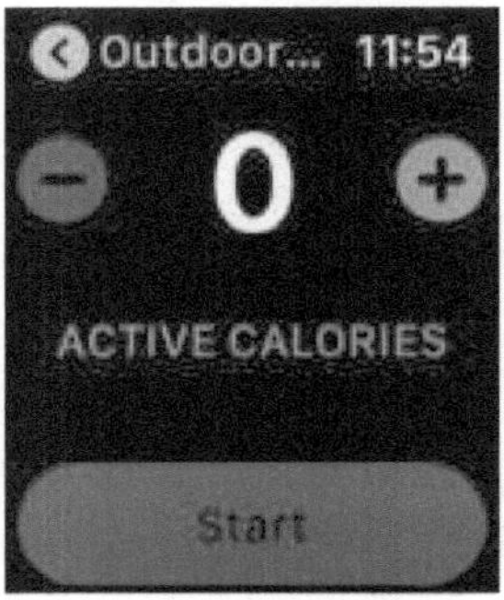

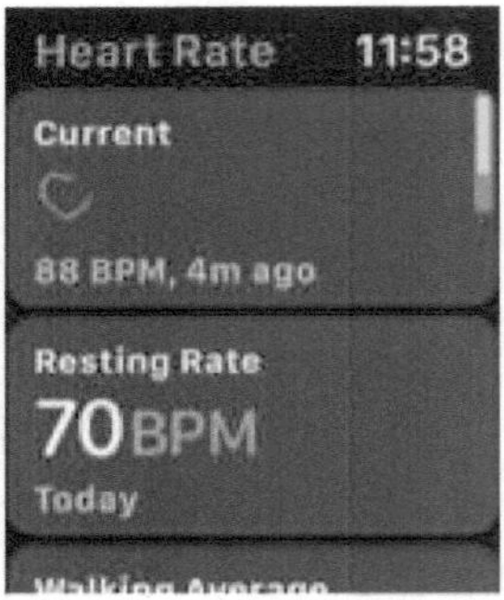

Als je aan het trainen bent, kun je je hartslag controleren door over de onderste helft van het scherm voor trainingsvoortgang te vegen.

ECG Volgen

ECG (of elektrocardiogram) opsporen is een sensor op je horloge die bedoeld is om onregelmatigheden in het hart op te sporen.

Het belangrijkste om te weten over ECG tracking is dat dit een horloge is en geen medisch apparaat. Apple Watch is niet je dokter. Je moet er niet van uitgaan dat je in orde bent omdat het horloge zegt dat je in orde bent, of dat je een hartaanval hebt omdat het horloge een afwijking ziet. Het bijhouden van ECG's en alle gezondheidsfuncties op het horloge zijn bedoeld om vroege waarschuwingssignalen te detecteren. Dat is alles. Ze zijn niet 100% nauwkeurig.

Om het te gebruiken, ga je naar de ECG app op je horloge. Als je het horloge om je pols houdt, moet je je vinger op de digitale kroon leggen.en dan begint het vanaf 30 seconden af te tellen. Je moet proberen 30 seconden stil te blijven zitten terwijl het horloge de meting uitvoert.

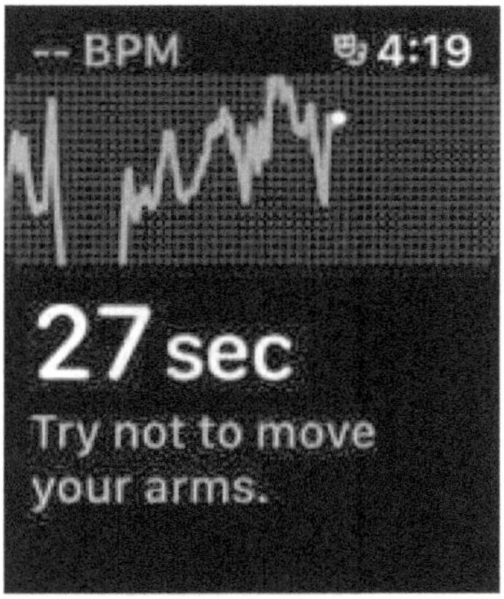

Als het klaar is, worden de resultaten op het horloge weergegeven.

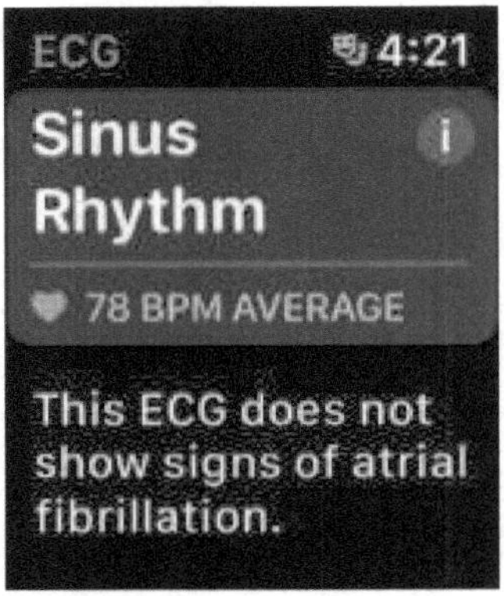

Zoals bij alle gezondheidsmetingen, wordt dit automatisch gesynchroniseerd met je iPhone en opgeslagen in de Gezondheid app. Je kunt een meetgeschiedenis bekijken van alle metingen die je hebt uitgevoerd.

AFIB-GESCHIEDENIS

Apple Watch houdt zich bezig met het hart en brengt voortdurend verbeteringen aan in wat het bijhoudt. De AFib-geschiedenis laat zien hoe vaak je hart een ritmestoornis heeft.

Bijhouden van bloedzuurstof

Het bijhouden van het bloedzuurstofgehalte is exclusief voor de Apple Watch Series 6 en hoger; het is ook alleen beschikbaar voor gebruikers ouder dan 18 jaar. Dus als je het horloge instelt voor een minderjarige, kan die het niet gebruiken.

Bloody Oxygen houdt bij hoeveel procent van de zuurstof in je rode bloedcellen van je longen naar andere delen van je lichaam wordt gebracht.

Wanneer je het horloge instelt, zie je een optie om het in te schakelen. Als je dat hebt gemist, kun je het instellen door naar de app Gezondheid te gaan, naar Bladeren te gaan en dan Ademhaling > Bloedzuurstof > Bloedzuurstof instellen. app te gaan, naar Bladeren te gaan en dan Ademhaling > Bloedzuurstof > Bloedzuurstof instellen.

Om een meting te doen, ga je naar de app Bloedzuurstof (als je die niet ziet en je zeker weet dat je de Series 6 hebt en niet de SE, ga dan naar de App Store op je horloge en zoek je ernaar). Zodra je op Start tikt, moet je 15 seconden lang zo stil mogelijk blijven zitten.

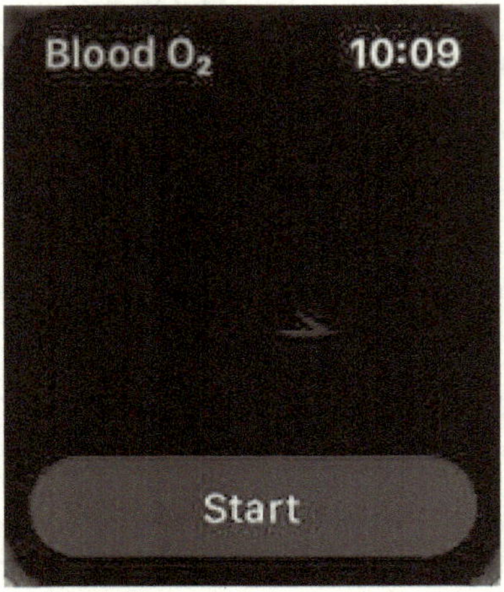

Zodra het klaar is, zie je de resultaten, die ook worden opgeslagen in de Gezondheid app op je iPhone.

TRACKING NOOCYCLE

Cyclus Cycle Tracking is geen app, maar een nieuwe functie in de app Gezondheid app van je horloge. Het houdt je menstruatiecyclus bij en kan helpen voorspellen wanneer je volgende menstruatie komt of wanneer je vruchtbare periode gaat beginnen. (Let goed op dat woord "voorspelling"! Het horloge moet natuurlijk niet worden gebruikt als een vorm van geboortebeperking).

Om te beginnen leg je je horloge neer en open je je telefoon. Open de app Gezondheid app, ga dan naar Cycle Tracking en selecteer Aan de slag.

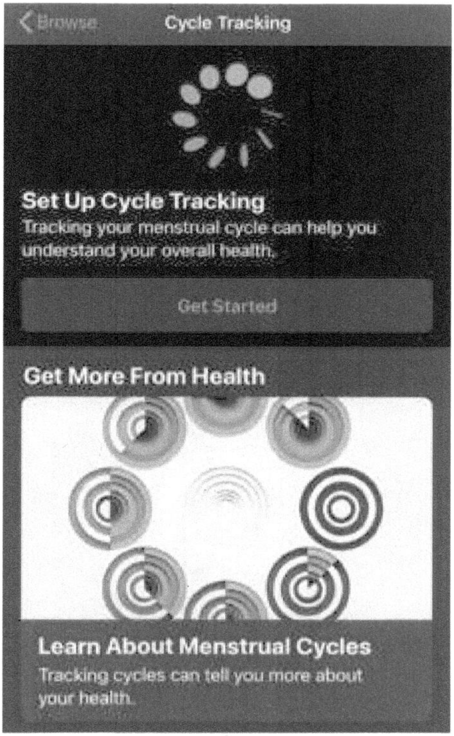

Volg de instructies en zorg ervoor dat je de functies toevoegt die je wilt (zoals Ongesteldheidsvoorspelling en Vruchtbaarheidsvoorspelling).

Zodra je informatie is toegevoegd, kun je beginnen met het loggen van dingen zoals je bloedstroomniveau of andere symptomen.

SLAAP VOLGEN

Slaaptracking is niet helemaal nieuw voor Apple; het werd enige tijd geleden geïntroduceerd op de iPhone, maar de functie is nieuw voor de Apple Watch. Als je je horloge 's nachts draagt, kan het bijhouden hoe lang je slaapt (en midden in de nacht wakker wordt) en doelen stellen om je te helpen beter te slapen.

Om te beginnen open je de app Sleep op het horloge.

De eerste keer dat je de app gebruikt, zie je een bericht over de app.

Als je iets naar beneden scrollt, kun je het instellen door het horloge eerst te vertellen hoe lang je wilt slapen en dan nog iets verder te scrollen en op de knop Volgende te tikken.

Vervolgens wordt gevraagd wanneer de planning actief is, bijvoorbeeld alleen op weekdagen.

Je vertelt het apparaat wanneer je het liefst wakker wilt worden en schakelt de knop om als je een alarm wilt.

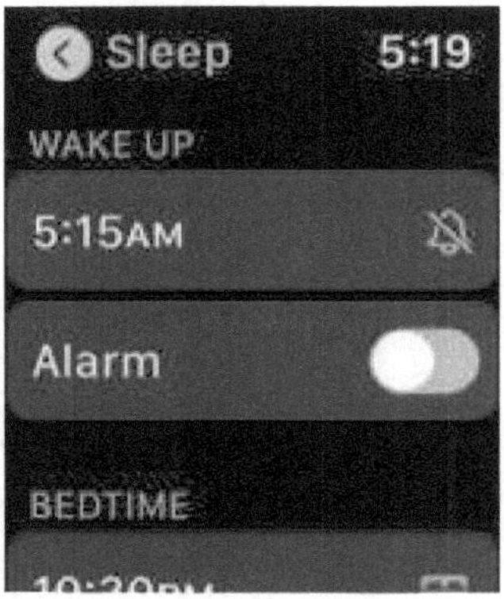

Daaronder stel je je bedtijd in; deze berekent je slaap en vertelt je of je dat doel kunt halen. In het voorbeeld hieronder staat bijvoorbeeld dat ik het doel 1 uur en 15 minuten zal missen. Dus als ik het doel wil halen, moet ik mijn bedtijd veranderen.

Zodra het is ingesteld, zie je een samenvatting van het schema en kun je naar beneden scrollen om Inschakelen in te schakelen (tip: zorg ervoor dat je batterij is opgeladen voordat je naar bed gaat als je de slaap bijhoudt).

Je kunt ook een Wind Down schema instellen, dat je helpt te ontspannen voordat je naar bed gaat.

Tot slot kun je oplaadherinneringen inschakelen, die je er voor het slapengaan aan herinneren om je apparaat op te laden, zodat je genoeg energie hebt om de nacht door te komen.

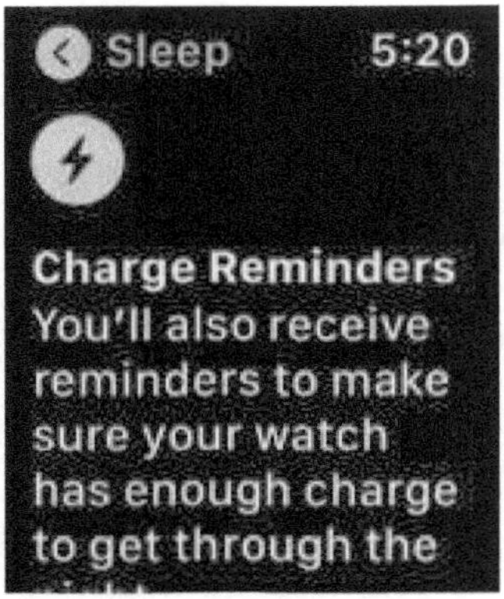

U kunt het schema op elk gewenst moment bewerken. Tik gewoon op het schema en tik op de tijd die u wilt wijzigen.

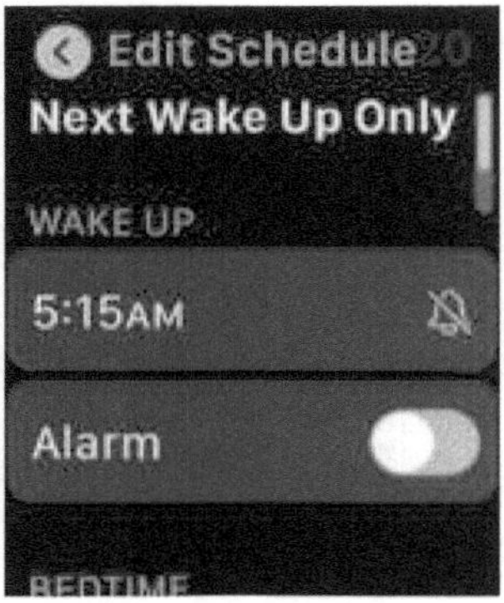

SLAAPSTADIA

Sleep Stages vertelt je hoe lang je in verschillende stadia van je slaap was (bijv. REM, Core, Deep Sleep) en wanneer je wakker was. Je ziet geweldige inzichten op je horloge, maar het wordt nog uitgebreider als je het op je telefoon ophaalt.

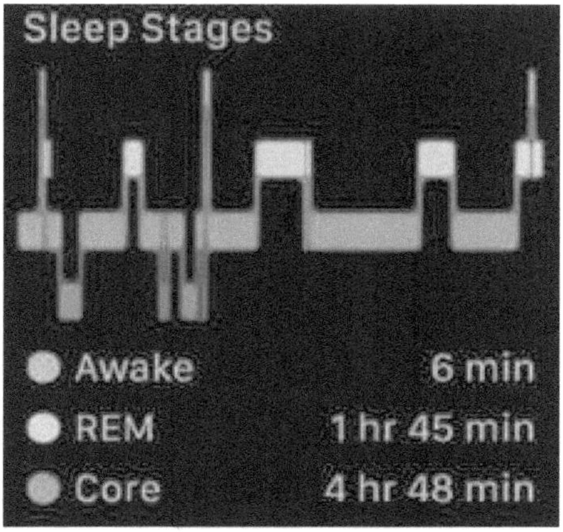

ALARMEN INSTELLEN

Als je een alarm wilt instellen, ga je naar de app Wekker op het beginscherm van je horloge.

Zodra het open is, druk je stevig op het scherm en tik je op Alarm toevoegen. Tik op Wijzig tijd (vergeet niet om ook AM / PM te wijzigen); je kunt de knop met de digitale kroon gebruiken om de uren en minuten aan te passen. gebruiken om de uren en minuten aan te passen. Tik ten slotte op Instellen. Je kunt op de '<' in de linkerbovenhoek tikken om terug te keren naar de alarminstellingen, waar je een alarm kunt herhalen, op sluimerstand kunt drukken of het een label kunt geven.

Om een alarm aan te passen, tikt u op de app Wekker en vervolgens op het alarm in de lijst dat u wilt wijzigen. Tik op naast het alarm om het in of uit te schakelen. U kunt een alarm verwijderen door op het alarm te tikken, naar beneden te scrollen en op Verwijderen te tikken.

Zodra je het horloge hebt gebruikt om je slaap bij te houden, begin je de resultaten te zien in de app Gezondheid op je iPhone. app op je iPhone.

Ga naar het tabblad Bladeren in de Ga naar het tabblad Bladeren en selecteer de optie Slapen.

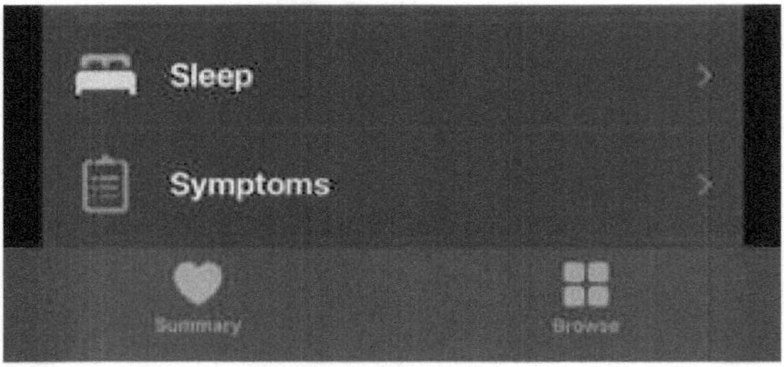

Je ziet een grafiek van hoe je hebt geslapen; blauw is slaap en gaten zijn waakperioden.

Als je iets verder naar beneden scrollt, zie je je hartslag terwijl je sliep.

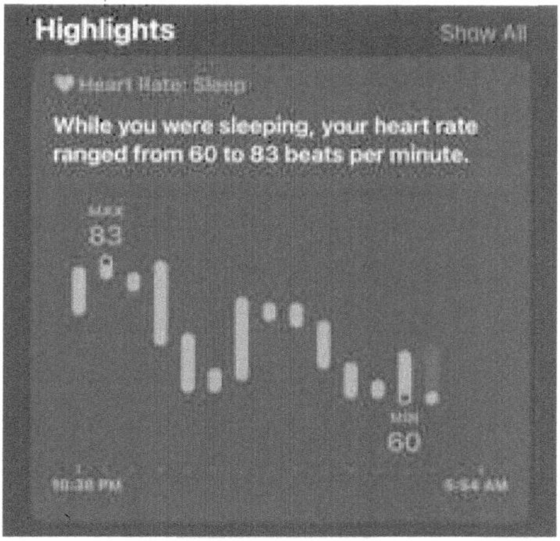

Als je helemaal naar beneden gaat, zie je de optie Alle gegevens weergeven.

Dit kan je nog meer inzicht geven over hoe je hebt geslapen; misschien realiseer je je niet eens hoeveel je woelt en draait.

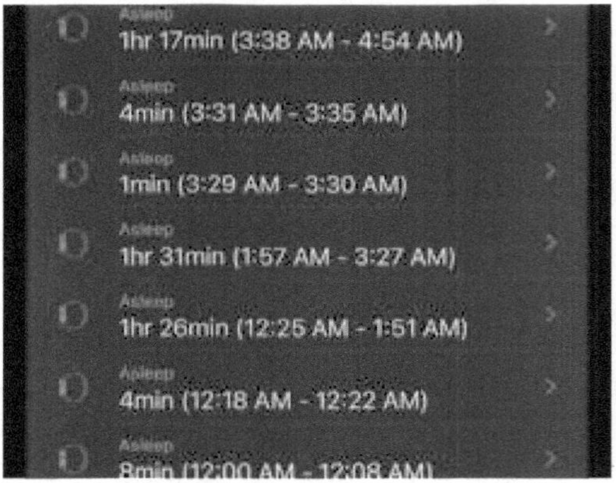

EEN TIMER GEBRUIKEN

Om de timer van het horloge te gebruiken, ga je naar het beginscherm en tik je op Timer; timers kunnen voor maximaal 24 uur worden ingesteld. Om een timer in te stellen, open je de app, tik je op uren of minuten, draai je aan de knop van de digitale kroon om de tijd aan te passen en tik je op Start. om de tijd aan te passen en tik op Start. Als de timer meer dan 12 uur duurt, druk dan terwijl je de timer instelt stevig op het scherm en tik op 0-24 uur.

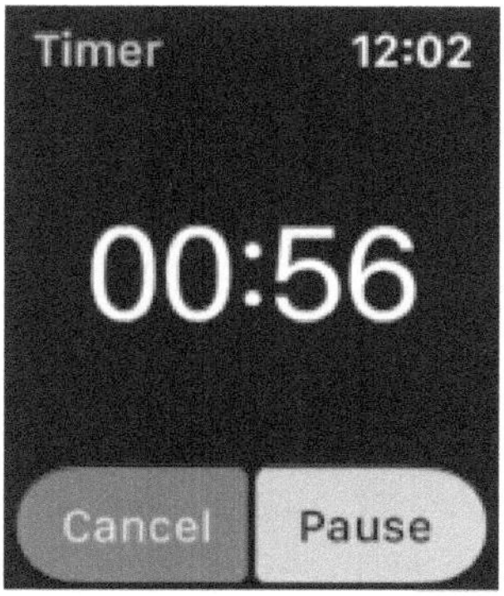

DE STOPWATCH GEBRUIKEN

Als je de stopwatch wilt gebruiken om de tijd bij te houden, zoals de tijd van een rondje op de baan, ga dan naar je Beginscherm en tik op de app Stopwatch app. Tik op de knop Start om het horloge te starten; tik op de knop Ronde om de tijd op te splitsen of een ronde op te nemen. De tijdwaarneming gaat door terwijl je ertussen schakelt. Als je klaar bent, tik je op Reset.

Je kunt ook het formaat van de stopwatch kiezen. Er zijn vier verschillende: Analoog, Digitaal, Grafiek en Hybride.

LUISTERBOEKEN

Apple heeft zijn populaire Books-app nog niet op de Apple Watch gezet - waarschijnlijk omdat lezen gewoon geen geweldige ervaring is op het horloge. Er zijn apps van derden die dit wel doen als het een must-have functie is. Wat Apple biedt in plaats van een eigen boekwinkel is de mogelijkheid om te luisteren naar audioboeken die je hebt gekocht in de Apple Books-winkel.

Het is een vrij eenvoudige app; scroll naar het gewenste audioboek en tik erop.

Vanaf hier kun je het boek afspelen of snel vooruit/terugspoelen. De '1x' rechtsonder past de afspeelsnelheid aan, zodat je de verteller sneller kunt laten voorlezen.

REKENMACHINE

Eenvoudige berekeningen konden op het horloge worden uitgevoerd met Siri in eerdere versies van de Apple Watch, maar een native app ontbrak. Veel mensen zijn verbaasd dat het zo lang heeft geduurd voordat deze app op het horloge kwam. Wat de reden voor het wachten ook is, hij is er nu en hij doet meer dan je zou verwachten.

Naast de basisberekeningen is er ook een knop Tip. Hiermee kun je snel zien hoeveel fooi je moet geven. Voer de kosten in en tik vervolgens op de knop Tip. Je kunt de digitale kroon gebruiken om het percentage aan te passen.

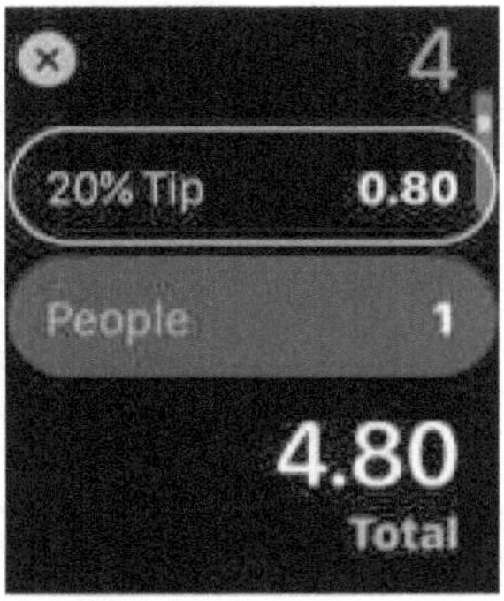

Tik op de knop Personen onder het percentage en je kunt de rekening delen. Gebruik de digitale kroon om aan te passen hoeveel mensen er bij je zijn. Als je mensen toevoegt, worden de kosten voor elke persoon onder de uiteindelijke prijs weergegeven.

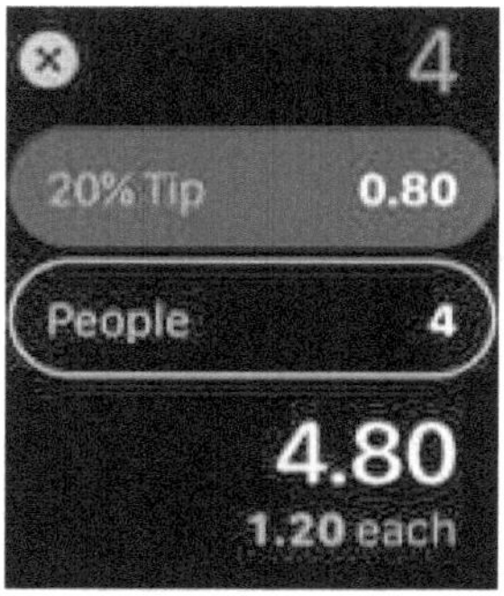

Handen wassen

Oké, laten we het eerst hebben over de olifant in de kamer: hebben we echt een app nodig die ons vertelt hoe we onze handen moeten wassen? Wassen, inzepen, afspoelen, toch?

Het klinkt stom, maar het beangstigende is hoe verkeerd de meesten van ons het doen. Ga je gang... probeer de app en kijk of je daadwerkelijk consequent de volle 20 seconden wast. Volgens Apple, die hier een onderzoek naar heeft gedaan, doet maar liefst 95% van ons het niet goed. Jakkes, toch? Dus als je de volgende keer iemand de hand schudt, kijk dan eens naar zijn pols om te zien of hij een Apple Watch heeft om hem te helpen het goed te doen!

Als je Mr. Clean bent en geen app nodig hebt om je te vertellen hoe perfect je bent, schakel hem dan gewoon uit - en als je een Mr. Dirty bent en geen app nodig hebt om je eraan te herinneren, schakel hem dan ook uit.

Hoe werkt het? Het mooie van de app is dat je er niets voor hoeft te doen. Zodra je hem aanzet, detecteert hij automatisch dat je je handen wast en start hij de timer.

Om dit in te schakelen ga je naar de app Instellingen en scroll je totdat je Handwashing ziet staan..

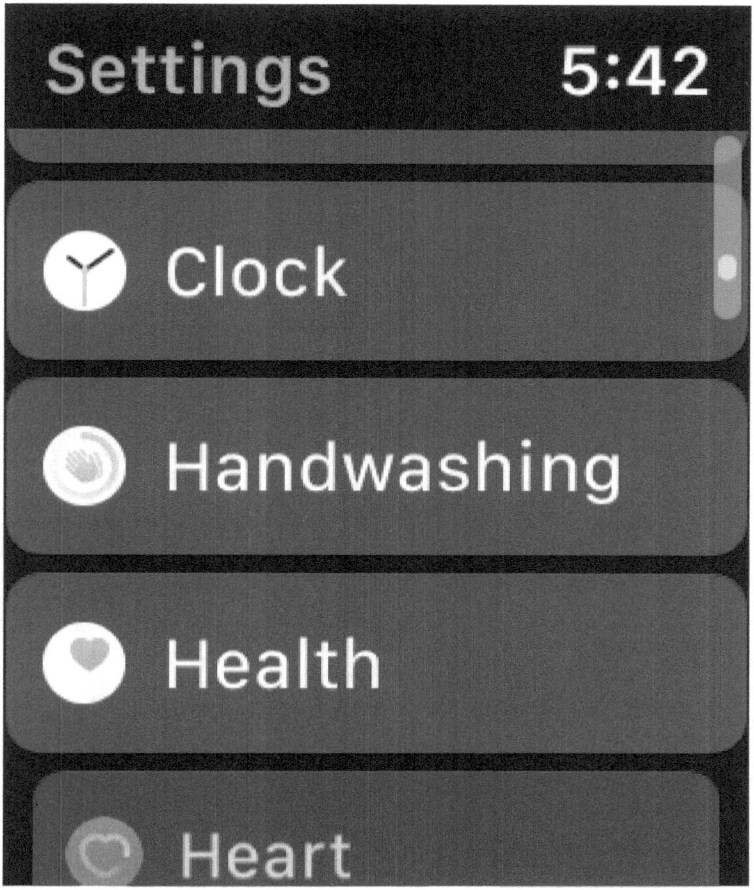

Tik erop en zet de timer aan (hij wordt groen). Dat is alles. Test het door je handen te wassen.

Als je de timer niet meteen ziet, geef hem dan een paar seconden. Hij luistert naar water en detecteert de beweging van het wassen van je handen. Zodra de timer start, zie je een melding op je pols en blijft de timer op het scherm staan tot hij klaar is.

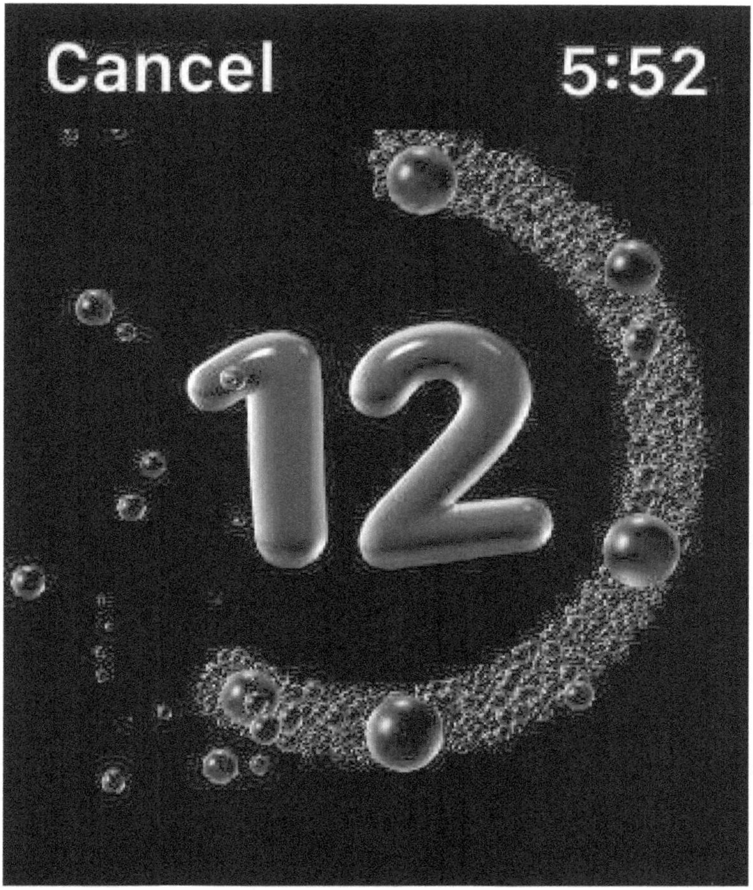

Dat is geweldig, maar hoe krijg je de statistieken over hoe onrein je bent! Daar heb je je iPhone voor nodig.

Ga naar de app Gezondheid app; onderaan het scherm zijn twee tabbladen: Samenvatting en Bladeren.

De wasapp staat onder Bladeren. Je kunt twee dingen doen om hem te vinden: ernaar zoeken of naar Overig gaan.

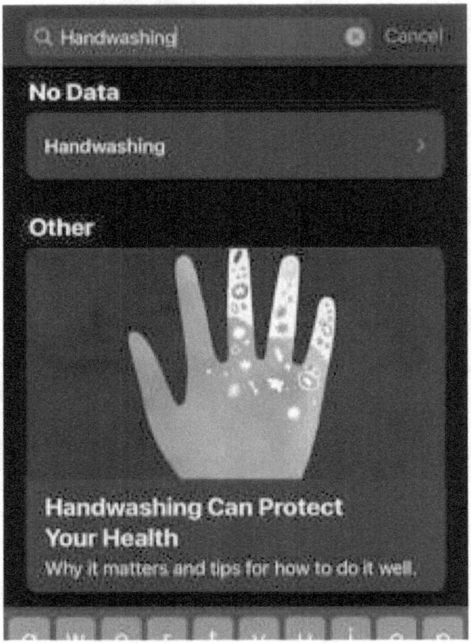

Dit toont alle beschikbare gegevens die de app heeft over je wasgewoonten. In mijn geval, geen! Ik zweer dat ik mijn handen heb gewassen! Het onderstaande is slechts een vroege screen grab.

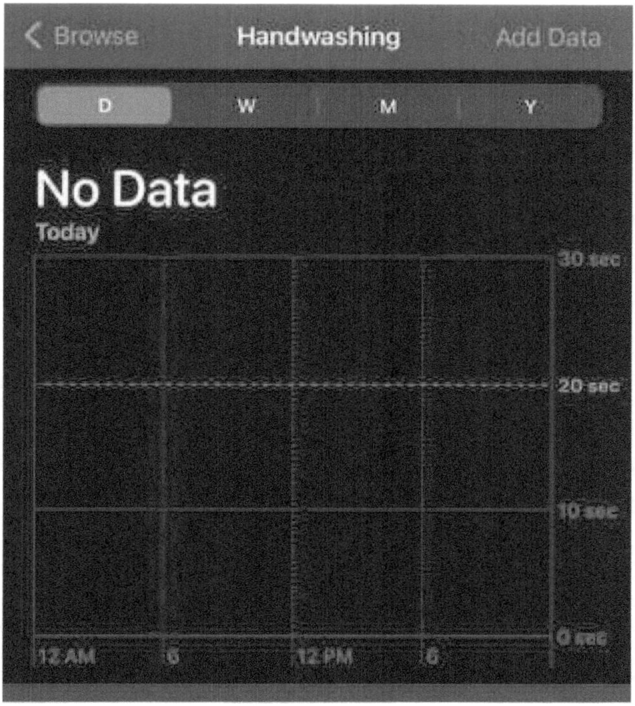

Als ik het echt zou willen, zou ik naar Gegevens toevoegen kunnen gaan en handmatig mijn handwastijden toevoegen.

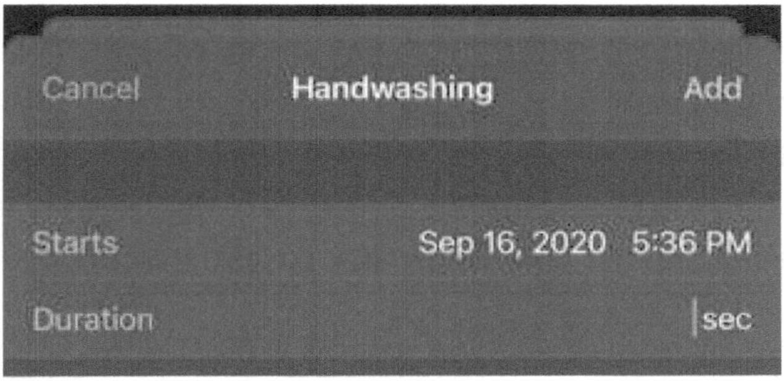

Afstandsbediening

Een minder bekend feit over het horloge is dat het ook dienst doet als afstandsbediening voor iTunes en Apple TV.

Voordat je begint, moet je ervoor zorgen dat je horloge en je apparaat hetzelfde netwerk gebruiken; als je telefoon één Wi-Fi-netwerk gebruikt en je horloge een ander, dan zullen ze niet werken. gebruikt en je horloge een ander, dan zullen ze niet werken.

Remote Play iTunes

Als je het horloge wilt gebruiken als afstandsbediening voor iTunes op je Mac, open je de Remote-app; tik vervolgens op Apparaat toevoegen (+).

In iTunes op je computer op de Remote-knop bovenaan het iTunes-venster; er wordt gevraagd om de 4-cijferige code in te voeren die nu op je horloge wordt weergegeven. (Opmerking: als je in iTunes op zoek gaat naar de knop Afstandsbediening voordat je op Apparaat toevoegen op de Apple Watch tikt, zul je lang moeten wachten - deze verschijnt pas nadat je op Apparaat toevoegen hebt getikt; zorg er ook voor dat iTunes up-to-date is).

Crashdetectie

Eén ding waar de Apple Watch uitzonderlijk goed in is geworden, is het redden van levens. Met

Crash Detection (beschikbaar op de Series 8, tweede generatie SE en Ultra) kan je horloge detecteren of je een auto-ongeluk hebt gehad en hulpdiensten waarschuwen als je niet reageert. Het doel is om ernstige botsingen te detecteren, zodat je je geen zorgen hoeft te maken dat de ambulance komt als je iets te ver achteruit de garage inrijdt.

Als het ondenkbare gebeurt, waarschuwt je horloge je dat het heeft gedetecteerd dat je een ongeluk hebt gehad; als je de meldingen niet binnen 20 seconden annuleert, gaat er een bericht naar de hulpdiensten om hulp te sturen.

De functie in- en uitschakelen is eenvoudig. Ga naar de Instellingen-app op de Apple Watch, ga dan naar SOS > Crashdetectie en schakel deze in of uit.

AFSTANDSBEDIENING VOOR APPLE TV

Als je het horloge wilt gebruiken als afstandsbediening voor iTunes op je Apple TVOpen de Remote app; tik vervolgens op Apparaat toevoegen (+). (Opmerking: vergeet niet dat je hetzelfde Wi-Fi-netwerk moet gebruiken). netwerk.)

Op je Apple TV ga naar Instellingen en dan Algemeen en ten slotte Afstandsbediening en selecteer de Apple Watch; voer de wachtwoordcode in die op dat moment op je horloge staat.

Walkie-Talkie

WatchOS 5 maakte het een stuk eenvoudiger om te communiceren met mensen in de buurt met de Walkie-Talkie functie. Om deze functie te gebruiken, moeten beide personen een Apple Watch Series 1 of nieuwer en WatchOS 9 hebben. Je moet ook FaceTime aanzetten omdat je FaceTime Audio gaat gebruiken.

Helaas is deze functie niet in alle landen beschikbaar.

De eerste keer dat je de app gebruikt, moet je vrienden toevoegen. Open de app. Tik op en kies vervolgens een contactpersoon.

Wacht even. Het is niet zoals een telefoongesprek waarbij je meteen contact maakt met je vriend. Ze moeten je toestemming geven om hen te bereiken. Het blijft grijs totdat de persoon accepteert. Zodra ze accepteren kun je meteen beginnen met praten.

Als u een vriend wilt verwijderen, opent u de Walkie-Talkie app, veeg naar links over de vriend en tik vervolgens op . Of open de Apple Watch-app op je iPhone, tik op Walkie-Talkie > Bewerken, tik op en tik vervolgens op Verwijderen.

Om een gesprek te beginnen, open je gewoon de app, tik je op de naam van de vriend (nadat hij/zij heeft geaccepteerd) en wacht je tot er verbinding is (hij/zij moet het horloge om hebben). Zodra er verbinding is, tik je op Praat en zeg je iets, en laat je los als je klaar bent.

Je kunt het volume harder of zachter zetten met de digitale kroon..

Als je niet meer via deze functie wilt praten, open je hem gewoon en zet je hem uit; als een contact je probeert te bereiken, wordt er gezegd dat je niet beschikbaar bent.

Als je de Stille modus inschakelt, hoor je nog steeds de stem van de persoon en het belsignaal dat binnenkomt. Als je de modus Theater of Niet storen inschakelt dan kun je niet praten.

FAMILIEOPSTELLING

Als je een kind hebt en het veilig en verbonden wilt houden, maar het nog geen telefoon wilt geven, is de Apple Watch nu een haalbare optie voor veel gezinnen.

Met Family Setup kunnen kinderen een telefoonnummer hebben, maar op een apparaat dat geen internetbrowser en andere apps heeft waarvan je misschien niet wilt dat ze die hebben.

Je kunt ook bepalen wie ze bellen en wat ze precies kunnen doen.

Het nadeel (afgezien van het feit dat je een ander horloge moet kopen) is dat het alleen werkt met Apple Watch Series 4 of later en dat je een mobiel abonnement nodig hebt om alle functies te kunnen gebruiken.

Om hem in te stellen, ga je aan de slag zoals je met elke Apple Watch zou doen; als je hiervoor een oude Apple Watch gebruikt, moet je hem een fabrieksreset geven.

Wanneer je Apple Watch aanzet om het horloge te koppelen, moet je Instellen voor een gezinslid selecteren.

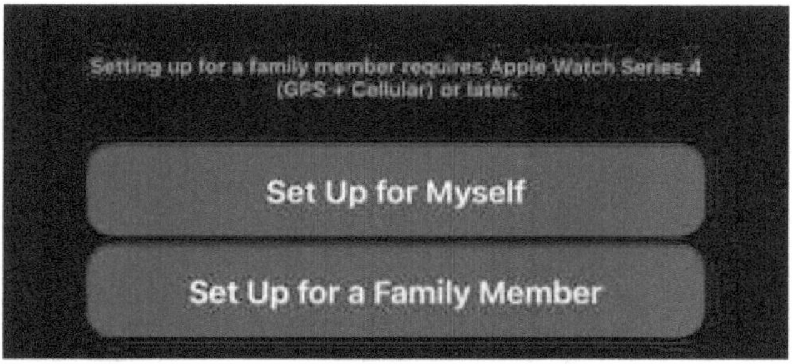

Vervolgens zie je een kader over wat Familie-instellingen is.

Zodra je akkoord gaat met de voorwaarden en het horloge koppelt, wordt je gevraagd om het gezinslid te kiezen dat het apparaat gebruikt. Als je ze niet ziet, tik dan op Nieuw gezinslid toevoegen.

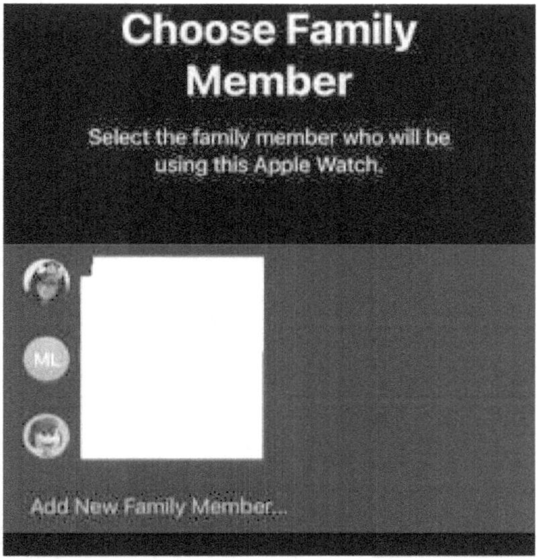

Als je iemand nieuw toevoegt, moet je een aantal stappen doorlopen. Het zijn gewoon vragen over wat je deelt en wat wordt ingeschakeld.

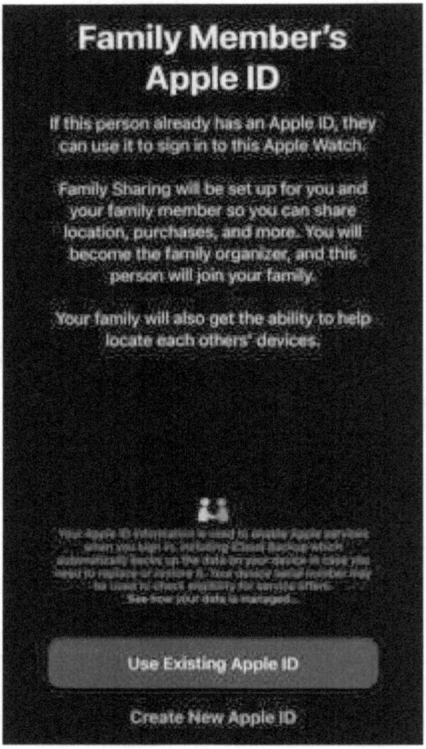

Een leuke functie van Family Setup is Apple Cash Family; hiermee kun je Apple Pay delen met dat gezinslid; zo kun je hen toegang geven tot $ 20 die ze kunnen gebruiken voor eten of iets anders; het werkt net als Apple Pay op de telefoon - ze tikken met hun horloge op een kaartlezer die het accepteert en het geld wordt opgenomen.

Het laatste wat het je zal vragen is om Schooltijd aan te zetten; Schooltijd bespreek ik in de volgende sectie, maar als je een schema wilt instellen, dan is dit waar je dat kunt doen.

SCHOOLTIJD

Als je Familie-instellingen hebt op het apparaat van een kind, dan kun je Schooltijd gebruiken om schema's te maken, zodat je bijvoorbeeld kunt zeggen dat je van 9 tot 3 Schooltijd kunt inschakelen; gedurende deze tijd wordt het horloge beperkt met functies, zodat een kind geen spelletjes kan spelen terwijl het zou moeten studeren.

Het kind kan de Schooltijdmodus kort verlaten om dingen zoals berichten te controleren door de Digitale Kroon te draaien te draaien en te bevestigen dat ze de modus willen verlaten. Hij wordt automatisch weer ingeschakeld als hij klaar is. Je kunt ook een volledige geschiedenis zien van wanneer ze het apparaat hebben uitgezet en hoe lang.

Schooltime is compatibel met Apple Watch Series 4 en hoger (en de Apple Watch SE), dus als je een ouder horloge aan je kind wilt geven terwijl jij een nieuwe koopt, zorg er dan voor dat het een 4 en hoger is-om het meeste uit de functies te halen, wil je ook het mobiele model hebben. Als je alleen het Wi-Fi-model hebt model hebt, kun je het "technisch" nog steeds gebruiken, maar ontbreken de meeste belangrijke functies, zoals een telefoonnummer voor het apparaat.

Als je besluit om je kind een ouder horloge te geven voor Family Setup, dan moet je er een fabrieksreset op uitvoeren en het instellen als een nieuw apparaat.

Om een schooltijdschema in te stellen, open je de Watch-app op je iPhone en tik je op het horloge van je kind; als je het niet ziet, heb je Family Setup waarschijnlijk nog niet ingesteld. Tik vervolgens op Schooltijd en selecteer Schema bewerken. Van hieruit kun je de dagen en tijden kiezen waarop je wilt dat het actief is-je kunt ook pauzes toevoegen, dus als je wilt dat ze volledige toegang tot hun horloge hebben tijdens de pauze, dan kun je het hier bewerken. Als je het schema moet wijzigen, volg dan de bovenstaande stappen, maar tik op de informatieknop naast het beheerde horloge en tik op Schooltijd en Schema bewerken.

Als je geen Familie-instellingen voor het apparaat hebt gedaan, maar het idee van de modus nog steeds leuk vindt, kun je deze handmatig inschakelen door omhoog te vegen en op het kleine mannetje te tikken dat zijn hand opsteekt. Je schakelt hem op dezelfde manier uit.

Om Schooltime op je eigen Apple Watch te gebruiken, heb je WatchOS 7 of hoger nodig.

Delen is zorgen

Je kunt Watch Faces snel delen, maar dat is niet alles. Ook foto's delen gaat met een paar tikken. Ga naar de app Foto's, zoek de foto die je wilt delen en open deze; tik op de foto en je ziet een deelpictogram.

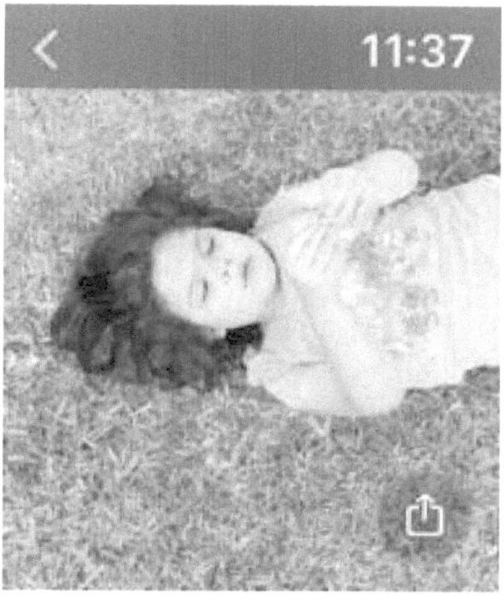

Je kunt het delen via sms, e-mail of er zelfs een watchface mee maken.

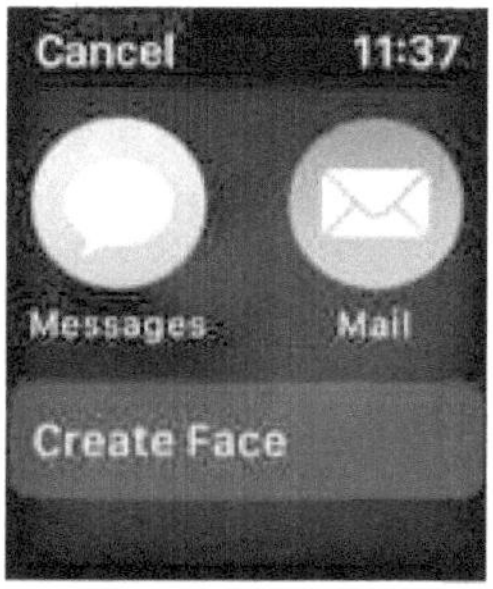

Je kunt dit ook doen met muziek die je afspeelt.

NACHTMODUS

De nachtmodus is exclusief voor de Apple Watch Ultra; deze draait de kleuren om om een ervaring te creëren die niet zo helder is en gemakkelijker af te lezen en te beheren is in de tijd.

Bij weinig licht kun je de digitale kroon draaien om hem te activeren.

Hoewel de modus niet op het standaard horloge zit, is er wel een nachtstandmodus op de standaard Apple Watch om je horloge te gebruiken om de tijd op je nachtkastje te bekijken.

SOS-SIRENE

SOS Sirene is alleen beschikbaar op de Apple Watch Ultra. Net als de sirene op de iPhone laat de sirene, wanneer geactiveerd, je horloge een luide sirene schallen die op meer dan 500 meter afstand te horen is!

Om te activeren houdt u de actieknop ingedrukt tot hij geactiveerd wordt.

[8]

WELKE ANDERE DINGEN MOET IK WETEN ?

Dit hoofdstuk behandelt:

- Toegankelijkheid functies
- De Apple Watch onderhouden
- De Apple Watch resetten
- De Apple Watch bijwerken

Zoals elk Apple product heeft de Apple Watch toegankelijkheidsfuncties om mensen met een handicap te helpen.

Het werkt op dezelfde manier als op je iPhone; om toegang te krijgen tot de functies ga je naar de Apple Watch-app op je iPhone, dan Mijn horloge, dan Algemeen en ten slotte Toegankelijkheid..

VoiceOver

VoiceOver helpt je het horloge te gebruiken, zelfs als je het horloge niet kunt zien. Het leest alles op het horloge voor. Je kunt dit inschakelen door naar de app Instellingen te gaan op het beginscherm van het horloge, vervolgens Algemeen, Toegankelijkheiden tot slot VoiceOver.

Wanneer VoiceOver is ingeschakeld, kun je je vinger over het scherm bewegen en luisteren naar de naam van elk onderdeel dat je aanraakt. VoiceOver maakt ook gebruik van andere bewegingen; je kunt teruggaan door met twee vingers een "Z"-vorm op het scherm te tekenen. Om een app te openen, tik je er dubbel op in plaats van enkel. Om VoiceOver te pauzeren bij het voorlezen van wat er op het scherm staat, tik je met twee vingers op het scherm; tik nogmaals met twee vingers om het afspelen te hervatten.

Als je je horloge voor het eerst instelt, kun je VoiceOver gebruiken. Wanneer je het horloge voor de eerste keer aanzet, druk je op de zijknop; nadat het is aangezet, klik je drie keer op de knop van de digitale kroon. knop.

ZOOM

Het horloge is een klein display - misschien zelfs kleiner dan je dacht dat het zou zijn - dus het is begrijpelijk dat je het display iets groter wilt hebben. Als dat het geval is, ga dan naar de app Instellingen en schakel Algemeen, Toegankelijkheiden Zoom.

Om in of uit te zoomen wanneer de zoomfunctie is ingeschakeld, dubbelklik je met twee vingers op het scherm. Om over het scherm te bewegen (of pannen) sleep je met twee vingers.

VETGEDRUKTE TEKST

De tekst vetgedrukt maken is een andere manier om het lezen van de tekst op je scherm wat makkelijker te maken. Je kunt de tekst vetgedrukt maken door naar de app Instellingen op je beginscherm te gaan, vervolgens op Algemeen en Toegankelijkheid te tikken en Vetgedrukte tekst aan te zetten. en Vette tekst aan te zetten; het horloge moet opnieuw worden opgestart voordat dit van kracht wordt.

OMGAAN MET

VERWIJDEREN DE BANDEN

Om een bandje te verwisselen, drukt u op de bandontgrendelknop op de Apple Watch en schuift u het bandje naar de andere kant, waarna u het nieuwe bandje erin schuift. Forceer het bandje nooit in de gleuf, want dan kan het vast komen te zitten.

Het is aan te raden om de band zo aan te brengen dat hij dicht op je huid zit, maar niet zo strak dat hij in je pols knijpt.

BAND AUTOE

Apple raadt u aan de lederen gedeelten van de horlogebanden schoon te maken met een nietschurende, pluisvrije doek die, indien nodig, bevochtigd is met water. Het bandje mag tijdens het schoonmaken niet aan het horloge bevestigd zijn. Laat het bandje na het schoonmaken drogen voordat u het weer aan het horloge bevestigt. Bewaar leer niet in direct zonlicht, bij hoge temperaturen of een hoge luchtvochtigheid; dompel het leer ook niet onder in water omdat het niet waterbestendig is.

Voor alle andere banden raadt Apple aan om op dezelfde manier schoon te maken, maar de band moet worden afgedroogd met een nietschurende, pluisvrije doek.

GEFORCEERDE HERSTART DE APPLE WATCH

In zeer zeldzame gevallen kan de Apple Watch bevriezen of moet hij geforceerd opnieuw worden opgestart. Als dit ooit gebeurt, houd dan de zijknop en de knop Digital Crown knop tegelijkertijd tien seconden ingedrukt. Wanneer het Apple logo verschijnt, kun je loslaten.

DE HORLOGE-INSTELLINGEN OPNIEUW INSTELLEN

Als je de instellingen van het horloge wilt resetten en het horloge weer als nieuw wilt maken (onthoud dat hiermee alles wordt gewist), ga dan naar de app Instellingen op het beginscherm, ga dan naar Algemeen, Reset en ten slotte Wis alle inhoud en instellingen. Zodra het horloge is gereset, moet je het opnieuw aan je telefoon koppelen. Zorg ervoor dat je dit doet als je je horloge of telefoon ooit verkoopt of weggeeft, omdat je vitale informatie (zoals creditcards) beschikbaar zal zijn voor die persoon als je het niet doet.

KRIJG DNA VAN JE HORLOGE

Als je wilt weten welk modelnummer je horloge heeft, welke softwareversie het heeft, wat het serienummer is of wat de capaciteit is, ga dan naar de app Instellingen op je beginscherm en vervolgens naar Algemeen en Info.

Update Apple Watch-software

Net als bij de iPhone en iPad worden updates van de Apple Watch-software via de ether uitgevoerd, wat betekent dat je niets hoeft aan te sluiten.

Om te zien of er een update is, open je de Apple Watch-app op de iPhone, tik je op Mijn horloge, Algemeen en ten slotte op Software-updates.. Er wordt aangegeven of er een update is en dan kun je gewoon de stappen volgen. Updates komen niet vaak voor, meestal maar een paar keer per jaar.

[9] Horloge Accessoires

Horlogebanden & Accessoires

Wat is een horloge zonder bandje? In tegenstelling tot traditionele bandjes kun je met de Apple Watch opmerkelijk eenvoudig bandjes verwisselen. En in tegenstelling tot andere Apple producten heb je veel opties; normaal gesproken wordt een Apple product geleverd in twee of drie kleuren, maar met de horloges zijn er tientallen manieren om te mixen en matchen.

Hieronder vind je een gids met alle verschillende opties waaruit je kunt kiezen. (Let op: denk er bij het kopen van een bandje aan dat een 42 mm bandje niet compatibel is met een 38 mm horloge of andersom). Tenzij anders vermeld, zijn alle banden verkrijgbaar in 38 en 42 mm. Sommige bandjes zijn niet one size fits all.

OFFICIËLE BANDEN & ACCESSOIRES

SOLO-LUS

Sommige mensen zijn geen fan van horlogegespen; als jij zo klinkt, dan is de Solo Loop misschien iets voor jou. Hij is gemaakt van rekbaar rubber, dus je kunt hem gewoon omdoen. Hij is verkrijgbaar in verschillende maten en je kunt het beste de maten opnemen voordat je hem koopt om er zeker van te zijn dat je de beste pasvorm krijgt.

GEVLOCHTEN SOLOLUS

De gevlochten Solo Loop is vergelijkbaar met de Solo Loop, maar heeft een geweven uiterlijk. Hij glijdt ook over je pols, dus er zijn geen gespen.

Sportband

Hij is verkrijgbaar in zwart, spacegrijs, wit, roze, blauw en groen. De band is duidelijk het beste voor tijdens het sporten; het is ook de goedkoopste band die verkrijgbaar is. Hij is gemaakt van fluorelastomeer, een synthetisch rubber dat bekend staat om zijn goede prestaties bij hitte. Omdat deze band niet one size fits all is, helpt de onderstaande tabel je bij het maken van de juiste keuze:

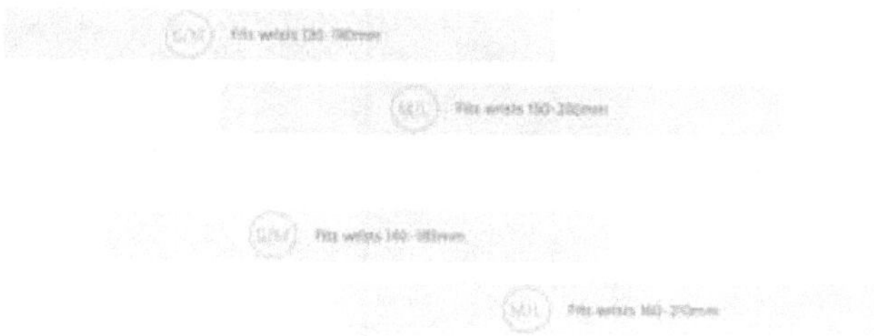

KLASSIEKE GESP

Deze band is gemaakt van Nederlands leer uit een looierij in Nederland. Appel belooft de molen geeft het een kenmerkende textuur. De sluiting is gemaakt van roestvrij staal.

MILANESE LUS

Apple zegt dat de inspiratie voor dit roestvrijstalen bandje een bandje uit het 19e-eeuwse Milaan was. De band is volledig magnetisch en gemakkelijk om te doen.

MODERNE GESP

Drie maten: small, medium en large.

Hij is verkrijgbaar in bruin, zwart, roze en nachtblauw. Het leer voor deze prachtige band komt uit een Franse leerlooierij die in 1803 is opgericht. Waarin verschillen de moderne en klassieke banden van elkaar? Het leer is iets anders, maar het meest opvallende verschil is de gesp. De klassieke is een band met gaatjes; de moderne is een magnetische band die je helpt een preciezere pasvorm te krijgen. Omdat deze band niet one size fits all is, helpt de onderstaande tabel je bij het maken van de juiste keuze:

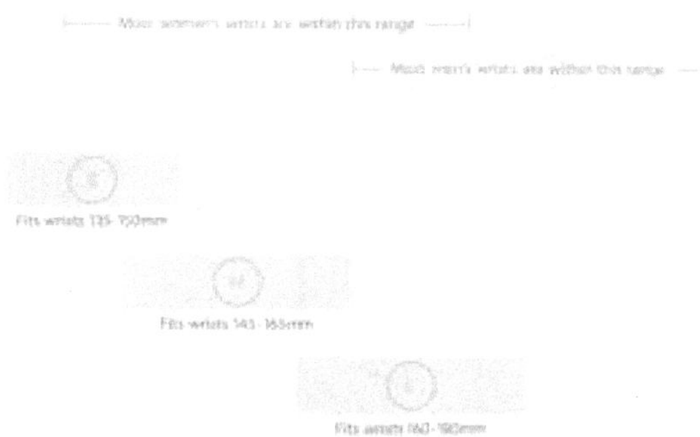

SCHAKELARMBAND

Deze roestvrijstalen band, een van de duurste en meest complexe banden, heeft meer dan 100 onderdelen. Apple beweert dat het vakmanschap zo complex is dat het negen uur duurt om één enkel hoesje in elkaar te zetten. De magnetische sluiting is one size fits all.

LEREN LUS

Alleen verkrijgbaar voor de 42mm band.

Hij is verkrijgbaar in steen, lichtbruin, felblauw en zwart. Deze band is gemaakt van Venezia-leer en met de hand gemaakt in Arzignano, Italië, waardoor hij zacht en verguld aanvoelt. De magnetische lus is gemakkelijk om te doen. Omdat deze band niet one size fits all is, helpt de onderstaande tabel je bij het maken van de juiste keuze:

Apple Watch magnetisch opladen Kabel

($29 voor kabel van 1 m; $39 voor kabel van 2 m)

Apple heeft maar één officieel accessoire voor de Apple Watch aangekondigd, en dat is een extra oplader (eentje krijg je gratis bij je horloge).

INDEX

OVER DE AUTEUR

Scott La Counte is bibliothecaris en schrijver. Zijn eerste boek, *Quiet, Please: Dispatches from a Public Librarian* (Da Capo 2008) was de editor's choice voor de Chicago Tribune en een Discovery titel voor de Los Angeles Times; in 2011 publiceerde hij het YA boek The N00b Warriors, dat een #1 Amazon bestseller werd; zijn meest recente boek is *#OrganicJesus: Je weg vinden naar een onbewerkt, GGO-vrij christendom* (Kregel 2016).

Hij heeft tientallen bestsellers geschreven over technische producten. Hij doceert UX Design aan UC Berkeley en schrijven aan de Gotham Writers Workshop.

Je kunt contact met hem opnemen op ScottDouglas.org.

www.ingramcontent.com/pod-product-compliance
Lightning Source LLC
LaVergne TN
LVHW040420051026
849517LV00002B/400
* 9 7 9 8 2 2 3 8 8 1 0 5 6 *